职业教育一体化课程改革系列教材——汽车技术服务与营销

发动机故障检修

主　编　杨晓明　魏　强　张雅婷
副主编　吴继坚　刘保国
参　编　袁　洪　韩东阳

西南交通大学出版社
·成都·

内容简介

《发动机故障检修》是汽车技术服务与营销专业系列教材之一。本书编写组根据汽车技术服务与营销专业所面向的主要就业岗位进行调查，组织召开专家论证会，提取典型工作任务，选取了发动机结构认知与吊装、发动机配气机构检修、发动机曲柄连杆机构检修、发动机润滑系统检修、发动机冷却系统检修等常见的故障而制定了典型学习任务，构建了"发动机故障检修"课程。目的是培养汽车技术服务与营销专业学生的发动机检修能力，能胜任汽车后市场服务企业。

本书所涉典型学习任务模拟企业现场工作情境，以学校场地设备为依托，以原厂自学手册和维修手册为指导来设计教学任务，内容新颖全面、图文并茂、通俗易懂、易学好教。本书既可作为职业院校汽车技术服务与营销专业的教学用书，又可作为职业技能培训应试辅导教材，也可供广大汽车维修从业人员学习参考。

图书在版编目（CIP）数据

发动机故障检修 / 杨晓明，魏强，张雅婷主编. —
成都：西南交通大学出版社，2020.5
ISBN 978-7-5643-7312-2

Ⅰ. ①发… Ⅱ. ①杨… ②魏… ③张… Ⅲ. ①汽车 –
发动机 – 故障诊断 – 职业教育 – 教材②汽车 – 发动机 – 故
障修复 – 职业教育 – 教材 Ⅳ. ①U472.43

中国版本图书馆 CIP 数据核字（2020）第 004435 号

Fadongji Guzhang Jianxiu
发动机故障检修

主编　杨晓明　魏　强　张雅婷

责任编辑	何明飞
封面设计	墨创文化
出版发行	西南交通大学出版社 （四川省成都市金牛区二环路北一段 111 号 西南交通大学创新大厦 21 楼）
发行部电话	028-87600564　028-87600533
邮政编码	610031
网址	http://www.xnjdcbs.com
印刷	四川森林印务有限责任公司
成品尺寸	210 mm × 285 mm
印张	9.5
字数	271 千
版次	2020 年 5 月第 1 版
印次	2020 年 5 月第 1 次
书号	ISBN 978-7-5643-7312-2
定价	29.00 元

课件咨询电话：028-81435775
图书如有印装质量问题　本社负责退换
版权所有　盗版必究　举报电话：028-87600562

深圳第二高级技工学校
工学一体化课程配套改革系列教材丛书编委会

主任　张　文　余野军　罗德超

编委　郭仲伦　马　跃　王朝武　周　烨
　　　　郭　伟　陈　群　尚　丽　闵国光
　　　　郑庆元　梁　健　张雅婷

前　言

"发动机故障检修"是汽车技术服务与营销专业的一门实践性很强的必修专业课。本书实用性强，融入了职业院校汽车技术服务与营销专业的一体化改革的成果，结合了当前汽车维修行业的生产实际，具有较强的针对性。本书较好地贯彻了素质教育的思想，力求体现以人为本的现代理念，从汽车维修行业的岗位群的知识和技能要求出发，结合学生创新能力的培养和职业道德方面的要求，提出教学目标并组织教学内容。

本书引入学习领域先进课程理念，创设一体化学习与工作情景，以任务驱动为主线，实现行动导向典型任务学习，促进学生综合职业能力的发展。工作页和学习材料对学生完成学习活动、培养综合职业能力具有重要作用，是帮助学生实现有效学习的重要工具，其核心特征是：学会学习，学会工作。

本书中的工作页和学习材料都源于典型工作任务的学习任务，学习材料用于支撑学生完成学习过程和学习思考，通过体系化的引导问题，指导学生在完整的活动中进行理论实践一体化的学习，在培养专业能力的同时，帮助学生学习工作过程知识，促进关键能力和综合素质的提高，实现工学一体化教学目标。

本书所整理、编写的学习任务都是来自汽车维修企业一线维修案例，以企业生产实际为向导，设置学时不同的学习活动。学习活动的设置遵循学习目标、学习准备、学习内容、引导问题、学习过程、学习评价和学习材料 7 个环节，通过多元化的成果展示方式，对学习过程和结果，对学生的专业能力、方法能力和职业素养进行有效评价，引导学生形成工作的逻辑思路，增进汽车维修的感性认知。这些学习任务中所使用的工作页将学习与工作紧密结合，以"学习的内容是工作，通过工作实现学习"为宗旨，促进了学习过程的系统化，使教学内容更贴近企业生产实际。本书突出了工作页和学习材料对学生实操过程的指导作用，并具体标明工作过程的关键步骤，在培养学生团队合作的同时，又可以独立完成大部分任务。学生可以从明确目标到学习准备，借助学习材料完成学习过程，评价学习成果并进行课后思考，执行整理、整顿、清洁、清扫、素养、安全及节约的7S过程化管理理念，训练专业能力的同时，侧重职业习惯的培养。在学习工作过程中，学生记录、填写的所有内容都应该是从工作操作中实际获取的数据、相关分析思路及其结果，或者是工作操作过程中应该特别注意的或应该特别明确的知识点。学习评价采用科学的职业能力评价参数，既有技术方面的评价，也有综合技能的考核；既有专业能力的评价和方法能力的评价，也有职业素养的评价；既有个人的自我总结，也有小组的相互点评。采用多元化、多样式、开放性的评价方式，全面考查学生的综合能力。课后的评价是让学生总结自己在完成本工作任务之后获得了哪些收获，掌握了哪些技能，有哪些体会及经验、教训，是否达到了预先制定的工作目标。这样，可以让学生养成事后总结的习惯，有利于锻炼和提高学生的写作水平和展示能力。

本书由深圳第二高级技工学校杨晓明、魏强、张雅婷担任主编，吴继坚、刘保国担任副主编，袁洪、韩东阳参编。其中，杨晓明编写了学习任务一中的学习活动二、学习活动三和学习任务三，魏强编写了学习任务二中的学习活动二和学习任务四，张雅婷编写了学习任务五，吴继坚编写了学习任务一中的学习活动一，刘保国编写了学习任务二中的学习活动一，袁洪参与编写了学习任务三，韩东阳参与编写了学习任务五。在本书的编写过程中，编者得到了深圳市汽车维修行业的多位资深专家、高级技师的悉心指导，汽车技术系的多位老师对本书的编写也给予了热情的帮助与大力支持，在此一并表示衷心的感谢。

限于编者的经历与水平，本书内容很难覆盖所有的车型及实际情况，难免有不妥或疏漏之处，敬请各教学单位、广大读者批评指正，提出修改意见和建议，以便再版修订时改正。

编　者
2019 年 10 月

目 录

学习任务一　发动机结构认知与吊装学习任务设计方案 ……………………………………… 1

　　学习活动一　发动机结构认知与吊装 ……………………………………………………… 2

　　学习活动二　发动机进气不畅检修 ………………………………………………………… 16

　　学习活动三　发动机排气不畅检修 ………………………………………………………… 24

学习任务二　发动机配气机构检修学习任务设计方案 ………………………………………… 34

　　学习活动一　发动机配气正时检修 ………………………………………………………… 36

　　学习活动二　发动机气门组检修 …………………………………………………………… 48

学习任务三　发动机曲柄连杆机构检修学习任务设计方案 …………………………………… 73

　　学习活动　　发动机气缸磨损检修 ………………………………………………………… 75

学习任务四　发动机润滑系统检修学习任务设计方案 ………………………………………… 107

　　学习活动　　发动机机油灯常亮故障检修 ………………………………………………… 109

学习任务五　发动机冷却系统检修学习任务设计方案 ………………………………………… 125

　　学习活动　　发动机节温器损坏故障检修 ………………………………………………… 127

附　件 ………………………………………………………………………………………………… 142

参考文献 ……………………………………………………………………………………………… 143

学习任务一　　发动机结构认知与吊装学习任务设计方案

专业名称	汽车技术服务与营销	一体化课程名称	发动机故障检修
学习任务	发动机结构认知与吊装	建议学时	30
工作情景描述	某顾客的轿车在使用过程中出现故障，送到你所在的维修站。经技术人员检查后，判断为发动机故障，需拆卸附件进行发动机吊装并做进一步检修。作为维修人员，按照维修工单和车间作业流程，在教师的指引下，按照维修手册的要求，制订维修方案，拆卸附件，对车辆发动机总成进行规范吊装，做进一步检修，并竣工检验合格，交付车辆后进行总结、评价		
学习任务描述	在教师的指导下确认发动机的故障现象，接受任务后学习发动机的结构组成及工作原理，完成相关工作页的填写，认知发动机系统零部件，确定安装位置，并粘贴对应名称标签，制订维修方案，吊装发动机，拆卸附件，并竣工检验合格，交付车辆后进行总结、评价		
与其他学习任务的关系	在汽车维护保养学习任务中，在了解汽车基本结构的基础上完成本学习任务，通过本学习任务的学习，为汽车发动机检修的其他学习任务打下基础		
学生基础	学生已经完成了汽车维护、保养的操作知识，对汽车各系统的结构认识有了一定的了解		
学习目标	1. 知识 （1）能描述发动机的基本结构、作用和常用术语定义。 （2）能描述发动机各部件的名称和安装位置。 2. 技能 （1）能在教师的指引下，熟练查阅维修资料，根据操作要点，规范填写维修工单，合理分配人员，并具体实施。 （2）能在实车或台架上认知发动机零部件，并正确描述各部件的名称、安装位置。 （3）能根据维修手册要求，在作业过程中遵守安全操作规范，正确使用相关工具与组员共同执行发动机附件拆卸，并对相关零部件进行标记。 （4）能在教师的指引下，对照单臂吊向组员准确叙述操作方法，并按维修手册要求，进行发动机吊装。 3. 素养 （1）能在团队作用下独立或协作完成元器件认知、故障检修、总结评价等任务。 （2）能遵守工作过程的7S检验和职业能力展示评价		
学习内容	（1）学习安全操作规程及7S现场管理规定。 （2）维修手册的使用。 （3）工具设备（扭力扳手、发动机吊装工具）的认知与使用。 （4）发动机结构组成及工作原理。 （5）发动机系统各零部件认知。 （6）发动机附件拆卸与安装。 （7）与他人沟通合作，获取信息，对学习与工作进行总结，展示评价		
教学条件	维修手册、安全操作规程、车间管理制度、7S管理规范制度、普通拆装工具、发动机吊装设备、发动机电控系统实训台架、车辆、举升机等		

续表

教学组织形式	教学组织形式：小组学习 1. 情景再现 教师组织学生以小组的形式观察发动机的现象，初步检测发动机性能，明确学习任务。 2. 初步分析 小组利用工作页和相关知识分析发动机故障现象及原因。 3. 制订方案 学生分组制订维修方案并展示评价。 4. 实施方案 小组进行汽车发动机零部件认知，发动机吊装工作过程实行自检、互检和终检三级检验。 5. 评价反馈 小组总结、评价，实行自评、互评、教师点评综合评价。
教学流程与活动	1. 教学流程 复习与提问→再现情景→任务导入→任务分配→任务实施→评价反馈。 2. 学习活动 <table><tr><td>学习活动一</td><td>发动机结构认知与吊装</td><td>18学时</td></tr><tr><td>学习活动二</td><td>发动机进气不畅检修</td><td>6学时</td></tr><tr><td>学习活动三</td><td>发动机排气不畅检修</td><td>6学时</td></tr></table>
评价内容与标准	1. 专业能力评价标准 （1）规范使用工量具和吊装设备。 （2）正确规范拆装发动机相关附件，使用吊装工具吊装发动机总成。 （3）描述发动机各系统结构组成和工作原理。 （4）描述各零部件名称及安装位置。 （5）工作过程的自检、互检、终检和7S监督，执行安全操作，做好安全防护。 2. 社会能力评价标准 （1）收集资料、方案制作能力（PPT制作能力、图案绘制能力）。 （2）展示表达能力，沟通交流能力，团队协作能力。 （3）观察分析相互评价、相互肯定与提升的能力。 3. 方法能力评价标准 （1）维修手册使用方法。 （2）通过维修手册和网络资源有效获得支撑资料的方法。 （3）通过维修资料和场地资源，小组、教师等团队资源解决问题的方法

学习活动一　发动机结构认知与吊装

一、学习目标

（1）能够在教师的指引下，熟练查阅维修资料，完成发动机维修信息检索。
（2）能够根据操作要点，规范填写维修工单，合理分配人员，并具体实施。
（3）能够正确描述发动机的基本结构、作用和常用术语定义。

（4）能够按照操作规程要求，对照单臂吊向组员准确叙述操作方法，并按维修手册要求，进行发动机吊装。

（5）能够对照实车或台架认知发动机系统零部件，并描述各部件的名称和安装位置。

（6）能够根据维修手册要求，在规定的时间内，与组员共同执行发动机附件拆卸，并对相关零部件进行标记，同时在作业过程中遵守安全操作规范。

（7）能够在团队作用下，独立或集体完成学习任务。

（8）能够执行活动过程的7S管理要求。

（9）能够按职业能力评价要求进行展示评价。

二、学习准备

设备：卡罗拉发动机实训台架或整车、举升机等。

常用工量具：工具车1套，配备常用梅花扳手、套筒扳手、螺丝刀等。

油料、材料：汽油、碎布等。

资料：网络资源、维修手册、维修工单、安全操作规程。

分组：每组5~6人，小组讨论后，由组长按岗位分配人员。

三、学习内容

发动机结构认知与吊装学习活动如图1-1-1所示。

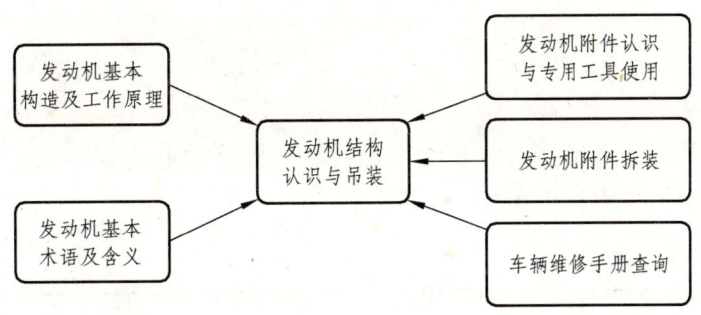

图1-1-1　学习活动

四、引导问题

（1）汽车发动机种类繁多，按照不同特征分类，其主要分类方式有_____、_____、_____、_____、_____、_____、_____、_____8种。

（2）汽车发动机运行方式主要有_____、_____两种，其中往复活塞式内燃机将_____转变为_____的过程，是一个工作循环经_____、_____、_____、_____4个连续工作过程来实现的。曲轴转2周，活塞往复4个行程完成一个工作循环的称为_____。

（3）按燃料区分，常见汽车发动机主要有_____、_____两种。这两种发动机点火方式不同，柴油发动机属于_____，汽油发动机属于_____。

（4）汽车发动机气缸的排列形式一般有_____、_____、_____、_____4种。

（5）汽车发动机进气形式可分为_____、_____两种。

（6）进气行程活塞在曲轴的带动下由_____，此时进气门_____，排气门_____，曲轴转动_____。

（7）压缩行程时进气门_____，排气门_____，活塞从_____，曲轴转动_____。

（8）做功行程活塞接近_____火花塞点燃_____，混合气燃烧释放出大量热能，使气缸内气体的压力和温度迅速提高。此时进气门_____，排气门_____。

（9）排气行程时进气门_____，排气门_____，活塞从_____，曲轴转动_____。

（10）上止点：_____。

（11）下止点：_____。

（12）活塞行程：_____。

（13）汽车发动机其基本结构主要由_____、_____两大机构，_____、_____、_____、_____、_____五大系统组成。

五、学习过程

1. 填写维修工单

（1）根据学习活动拆分活动环节或步骤，制订相关维修作业计划。

（2）小组讨论分工填写维修工单——附件。

2. 操作安全事项

查阅维修手册及相关资源，参考作业规范图（见图 1-1-2），列举发动机吊装及附件拆装的注意事项：

_____
_____
_____
_____
_____

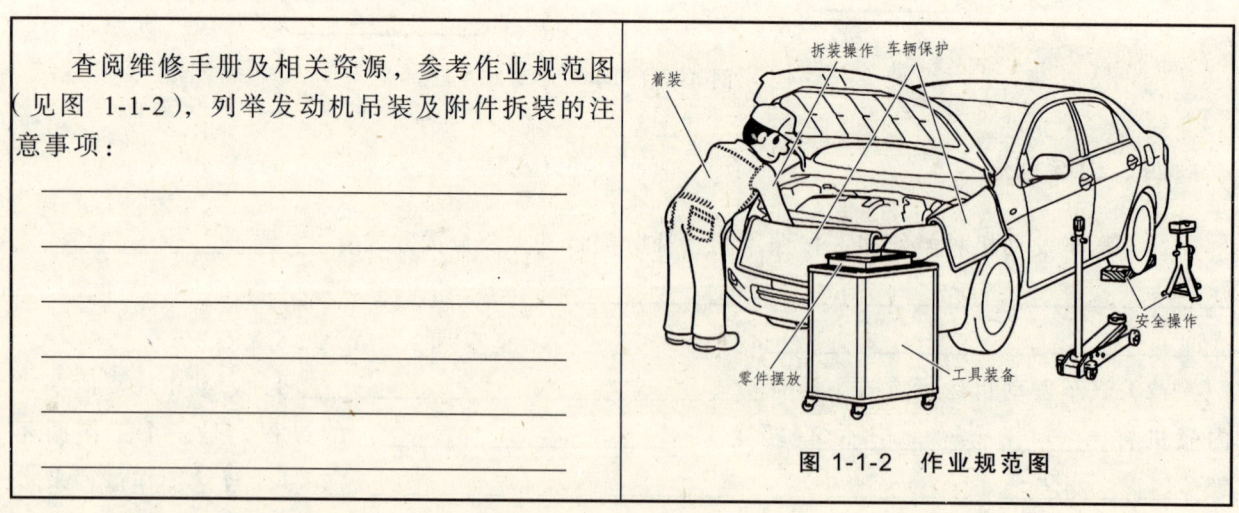

图 1-1-2 作业规范图

3. 车辆基本信息查询

（1）车辆铭牌记录着车辆相关信息，完成车辆铭牌信息表 1-1-1 中相关内容并进行说明。

表 1-1-1 车辆铭牌信息表

铭牌位置			
品牌		制造国	
整车型号		发动机型号	
车辆识别代码			
发动机排量		发动机最大净功率		制造年月	

（2）对表 1-1-1 中的"车辆识别代码"进行说明：

第 1~3 位含义：_____

第 4~8 位含义：_____

第 9 位：_____

第 10 位：_____

第 11 位：_____

第 12~17 位：_____

4. 维修手册使用

（1）参照维修手册目录图 1-1-3，解说图中相关信息的代表含义，完成表 1-1-2。

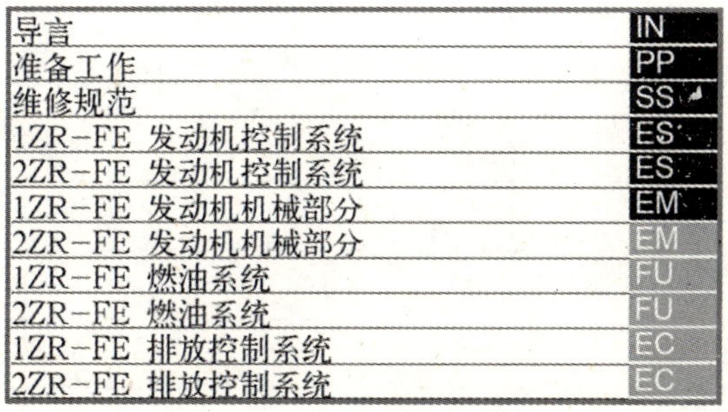

导言	IN
准备工作	PP
维修规范	SS
1ZR-FE 发动机控制系统	ES
2ZR-FE 发动机控制系统	ES
1ZR-FE 发动机机械部分	EM
2ZR-FE 发动机机械部分	EM
1ZR-FE 燃油系统	FU
2ZR-FE 燃油系统	FU
1ZR-FE 排放控制系统	EC
2ZR-FE 排放控制系统	EC

图 1-1-3 维修手册目录

表 1-1-2 维修手册目录含义

导言	
准备工作	
维修规范	
其他	

（2）利用维修手册，查找相关发动机信息。

① 发动机机械系统维修资料具体页码：_____。

② 连杆螺栓的紧固方式：_____。

③ 发动机曲轴的检查项目及方法：_____
_____。

④ 气门杆油封拆装专用工具代码：_____。

⑤ 发动机火花塞拆装方法_____。

5. 检索发动机室内元件位置分布

查阅卡罗拉维修手册"1ZR-FE/2ZR-FE 发动机控制系统"及卡罗拉电路图，检索发动机室内元件位置分布的相关信息。

（1）指出发动机室内零件位置所在位置的检索路径：_____
_____。

（2）结合维修手册，完成发动机零部件识别表 1-1-3。在实车或台架中查找发动机零部件，标贴零部件标识，并指出相应零部件的名称。

表 1-1-3　发动机零部件识别

序号	名称	安装位置	作用
B1	发电机总成		
B2		节气门体与空气滤芯之间的进气总管上	
B3			检测发动机温度，作为点火与喷油的修正信号
B4	起动机总成		
B6			
B7	空调压缩机总成		
B8			
B9		气缸盖进气口进气歧管上	
B13		安装于曲轴前端机油泵壳体上	
B14			
B15			
B19			
B20			
B21	VVT 传感器（进气侧）		
B22			
B23			
B24			
B25			
B26		安装于气门室盖上	
B30		安装于气门室盖上	
B31	ECM		
B60			检测车辆变速器处于倒挡，同时点亮倒车灯，提示周围车辆处于倒车状态
B88			
B89	空燃比传感器（B1S1）		
B90			
B91			
D1		气缸体中部侧面	

6. 专用工具使用

（1）请在表 1-1-4 中填写三种专用工具的名称。

表 1-1-4　专用工具

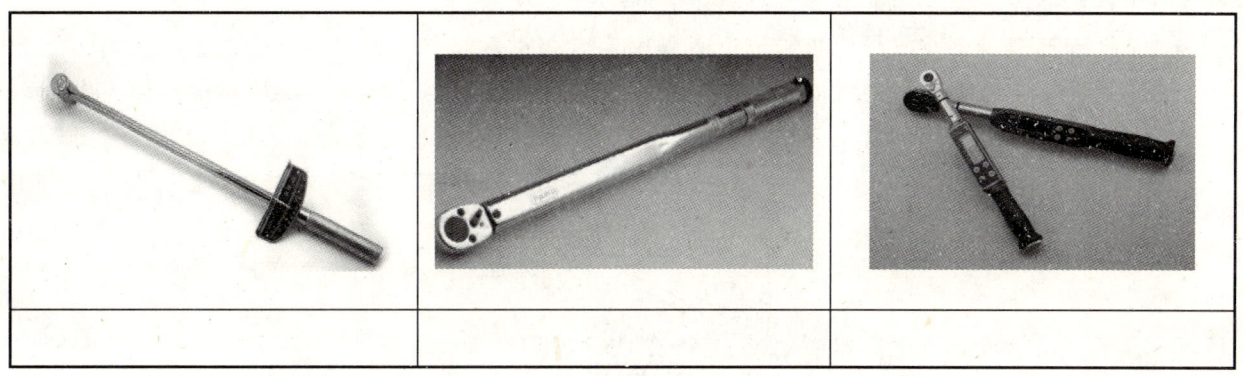

（2）预置式力矩扳手的使用方法。

将预置式力矩扳手图 1-1-4 中数字编号所对应的名称填入表 1-1-5 中。

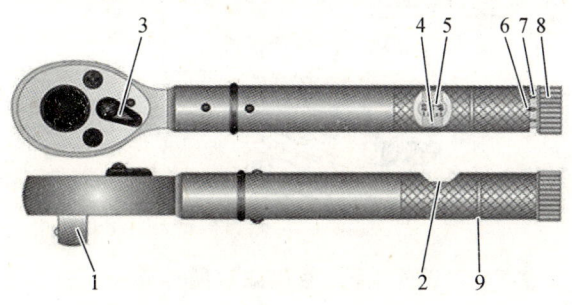

图 1-1-4　预置式力矩扳手

表 1-1-5　预置式力矩扳手部件名称

1	2	3
4	5	6
7	8	9

（3）离合式力矩扳手的使用方法。

① 将设定轮边旋转边适当用力向后拉出，使设定销卡入设定轮的相应槽中，同时露出设定轮上隐藏的副标尺。

② 顺时针（示值增大）或逆时针（示值减小）旋转设定轮，使标尺窗内的主标尺的示值与设定轮上的副标尺示值分别对准主、副标尺的基准线，主、副标尺示值相加之和即为需要设定的扭矩值。

③ 扭矩值确定后，将设定轮推入原位置，扭矩值设定完毕。

④ 将扳手方榫套入相应尺寸规格的套筒。

⑤ 将套筒套入螺母或螺栓上。

⑥ 按顺时针（右旋）方向均匀施力。

⑦ 当听到"咔哒"声或感到扳手上有卸力感时，即已达到所设定的扭矩值。

7. 吊装发动机

请查阅卡罗拉维修手册"1ZR-FE/2ZR-FE 发动机机械"部分，检索发动机整机及附件拆卸过程，并进行操作完成相关内容。

（1）拆卸前轮、发动机底罩及气缸盖罩，排空发动机冷却液。

（2）拆卸散热器上空气导流板，取下 6 颗固定卡扣；拆卸空气滤清器壳，取下滤清器，拆下空气滤清器壳固定螺栓。将空气滤清器总成中相关部件名称填写在图 1-1-5 所示的空白方框处，在圆圈内写出该固定螺栓的规定力矩。

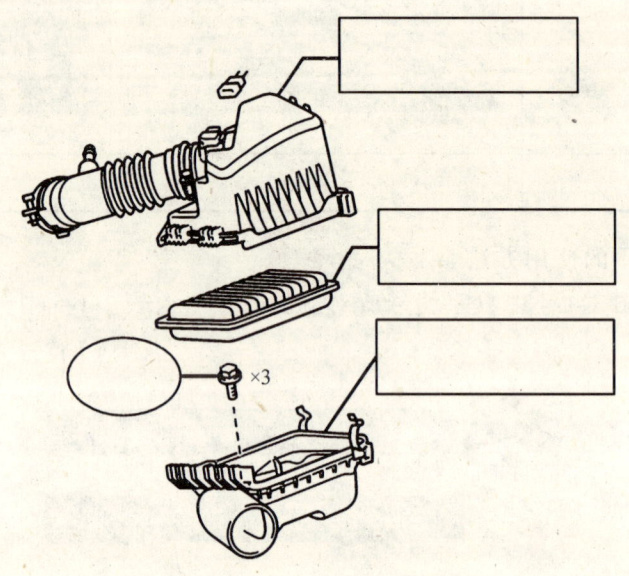

图 1-1-5　空气滤清器总成

（3）切断汽车电源，将蓄电池相关部件名称填写在图 1-1-6 所示的中空白方框处。

打开并支撑住发动机罩，先脱开蓄电池负极端子，然后脱开正极端子，拆下蓄电池、蓄电池底板和发动机搭铁线。

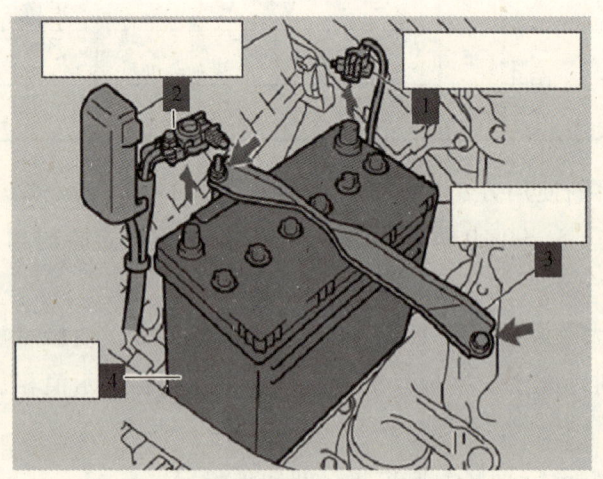

图 1-1-6　蓄电池安装图

（4）分离散热器进、出水管。参照图 1-1-7 变速器换挡拉索结构，断开变速器控制拉索总成，首先松开锁止螺母，拆下节气门拉索和定速控制拉索，然后将拉索的末端从节气门连杆上滑出。

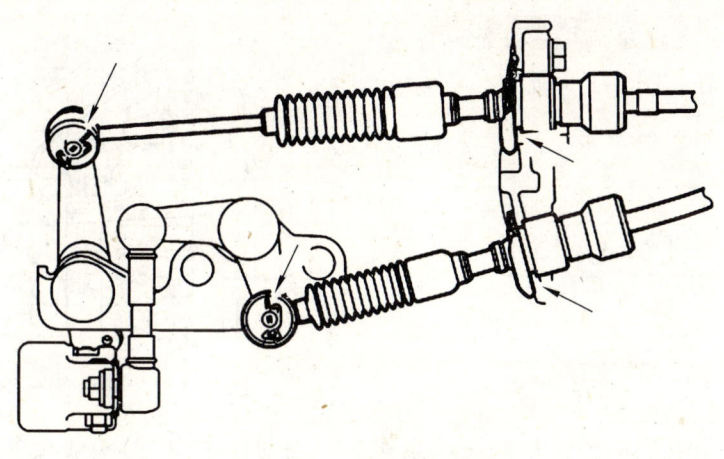

图 1-1-7　变速器拉索结构

（5）断开机油冷却软管、加热器进出水管、燃油管分总成。请写出燃油管断开时的注意事项：

_____
_____
_____
_____
_____
_____
_____
_____
_____

（6）拆卸发电机驱动皮带及发电机、压缩机总成。在图 1-1-8 中方框处写出对应螺栓拆卸的工具规格及顺序。

图 1-1-8　发电机位置

(7)分离离合器分离缸总成（手动变速器）。离合器分离缸总成位置如图1-1-9所示，请写出分离时相关注意事项：

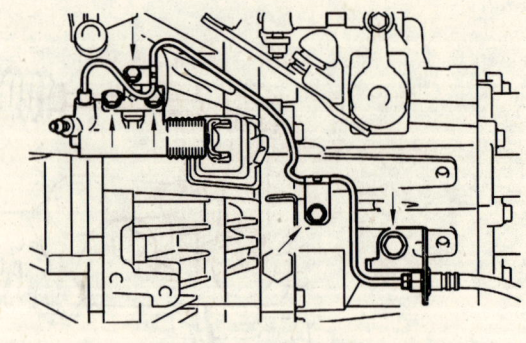

图1-1-9　离合器分离缸总成位置

(8)拆下发动机舱右侧的发动机配线线束接头。发动机ECU接头线束如图1-1-10所示，请写出拆卸接头时的相关注意事项：

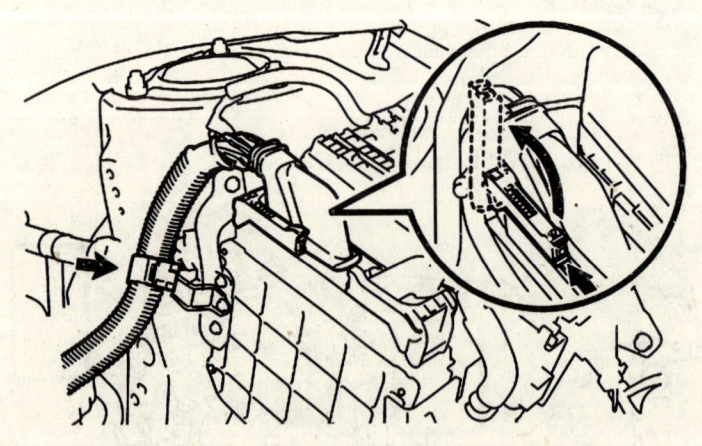

图1-1-10　发动机ECU接头线束分离图

(9)断开线束。
① 将杆向上拉，断开发动机控制计算机的连接器。
② 拆下2颗螺母。
③ 将连接器和2个卡夹从发动机室接线盒上拆下，并断开线束。
④ 拆下螺栓和卡夹（手动传动桥）。
⑤ 拆下螺栓和卡夹（自动传动桥）。
⑥ 断开所有线束和连接器，确保车身和发动机之间没有连接任何线束。

（10）拆卸前悬架零部件、前桥零部件及前稳定杆总成。

（11）拆卸前悬架横梁，从车上取下带传动桥的发动机总成。发动机总成分离图如图 1-1-11 所示。

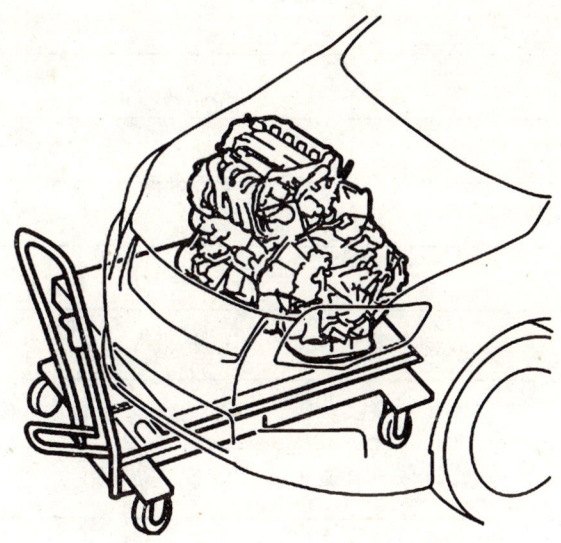

图 1-1-11　发动机总成分离图

8. 安装发动机

（1）安装带传动桥的发动机总成至发动机室内，安装前悬架横梁。

（2）安装前悬架零部件、前桥零部件及前稳定杆总成。

（3）组装线束，安装发动机舱右侧的发动机配线线束接头。

（4）安装离合器分离缸总成（手动变速器）。

（5）安装发电机驱动皮带及发电机、压缩机总成。

（6）安装机油冷却软管、加热器进出水管、燃油管分总成。

（7）安装节气门拉索和定速控制拉索，安装变速器控制拉索总成，拧紧锁紧螺母；安装散热器进、出水管。

（8）安装汽车电源，先装正极极柱，再装负极极柱。

（9）安装空气滤清器壳固定螺栓，安装滤清器及空气滤清器壳，安装散热器上空气导流板，装回 6 颗固定卡扣。

（10）加注发动机冷却液及其他油液，安装前轮、发动机底罩及气缸盖罩。

六、评价反馈

组员进行自我评价、相互评价，完成表 1-1-6 的相应内容。

组间评价说明：

（1）操作评价。评价人指定发动机机舱相关的零部件，被评价人在维修手册中找出相应零部件所在的页码，并在实车或台架找出对应的零部件，填写于评价表中。

（2）评价要求。组间评价表由评价人给予对应评价等级：单行全对的得"A"，错两个（含）以下的得"B"，错两个以上的得"C"。

表 1-1-6　学习评价表

项　目	评价内容			评价等级		
				😎	🙂	☹️
自我评价	学到的知识点：					
	学到的技能点：					
	不理解的有：					
	还需要深化学习并提升的有：					
组内评价	○按时到场　　　○工装齐备　　　○书、本、笔齐全					
	○安全操作　　　○责任心强　　　○7S管理规范					
	○学习积极主动　○合理使用教学资源　○主动帮助他人					
	○接受工作分配　○有效沟通　　　○高效完成工作任务					
组间评价	元件代码	元件名称	在维修手册中的页码	在实车中的位置		
	B25					
	B31	ECM				
	B26					
	B2					
	B24					
小组评语及建议	他（她）做到了： 他（她）的不足： 给他（她）的建议：			组长签名： 年　月　日		
教师评语及建议				评价等级： 教师签名： 年　月　日		

七、学习材料

（一）发动机的组成

发动机是一台由多种机构和系统组成的复杂机器。现代汽车发动机的结构形式很多，发动机的具体构造也多种多样，但由于其基本工作原理一致，从总体功能来看，其基本结构大同小异，都是由两大机构和五大系统组成的，即曲柄连杆机构、配气机构、供给系统、冷却系统、润滑系统、起动系统、点火系统（柴油机没有）。典型汽油发动机的总体构造如图 1-1-12 所示。

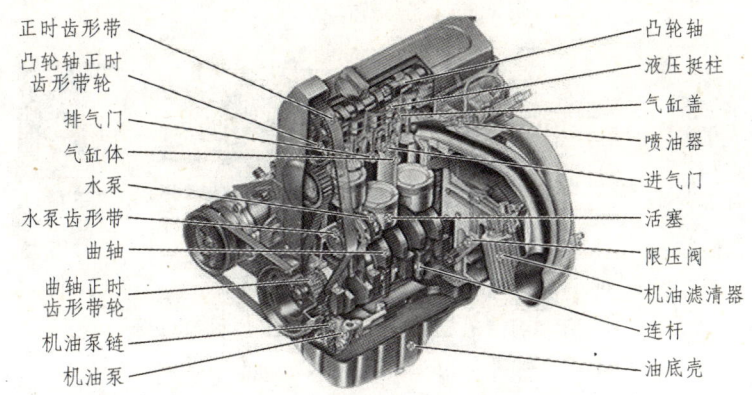

图 1-1-12 汽油机结构总图

1. 曲柄连杆机构

曲柄连杆机构由机体组、活塞连杆组、曲轴飞轮组三部分组成。其作用是将燃料燃烧产生的热能转化为活塞往复运动的机械能，再通过连杆将活塞的往复运动转变为曲轴的旋转运动而对外输出动力。

2. 配气机构

配气机构由气门组及气门传动组组成。其作用是使可燃混合气及时充入气缸并及时将废气从气缸中排出。

3. 供给系统

汽油机供给系统和柴油机供给系统由于使用的燃料和燃烧过程不同，在结构上有很大的差别。而汽油机供给系统根据混合气的形成方式不同又可分为进气歧管射式和缸内直喷式两种。其作用是将一定浓度和数量的可燃混合气（或空气）供入气缸以供燃烧，并将燃烧生成的废气排出。

4. 冷却系统

冷却系统有水冷却系统和风冷却系统两种，现代汽车一般都采用水冷却系统。其作用是将受热机件的热量散到大气中去，从而保证发动机正常工作。

5. 润滑系统

润滑系统的作用是将润滑油送至各个摩擦表面，以减轻机件的磨损，并清洗、冷却摩擦表面，延长发动机的使用寿命。

6. 起动系统

起动系统的作用是将静止的发动机起动并转入自行运转。

7. 点火系统

点火系统是汽油发动机独有的，按控制方式不同又分为传统点火系统和电子控制点火系统两种。其作用是按规定时刻向气缸内提供电火花以点燃气缸中的可燃混合气。柴油发动机由于其混合气是自行着火燃烧的，故没有点火系统。

（二）发动机的结构及常用术语

1. 工作循环

发动机完成进气、压缩、做功、排气四个过程，称为一个工作循环，如图 1-1-13 所示。

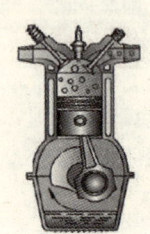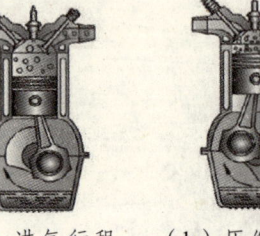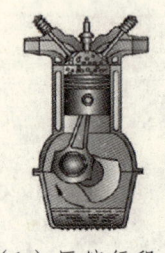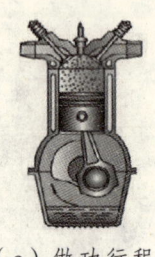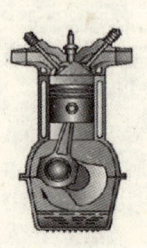

（a）进气行程　（b）压缩行程　（c）做功行程　（d）排气行程

图 1-1-13　四行程发动机工作循环

（1）进气行程。

活塞由曲轴带动从上止点向下止点运动，此时，进气门开启，排气门关闭。在活塞向下移动的过程中，气缸内容积逐渐增大，形成一定真空度，空气和燃油的可燃混合气通过进气门被吸入气缸，直至活塞到达下止点时，进气门关闭，停止进气。

（2）压缩行程。

为使可燃混合气迅速燃烧，达到改善发动机动力性和经济性的目的，必须在燃烧前对可燃混合气进行压缩，以提高可燃混合气的温度和压力。因此，在进气行程结束时立即进入压缩行程，活塞在曲轴的带动下，从下止点向上止点运动，由于进、排气门均关闭，气缸内容积逐渐减小，可燃混合气压力、温度逐渐升高。

（3）做功行程。

在压缩行程末，火花塞产生电火花点燃混合气并迅速燃烧，使气体的温度、压力迅速升高而膨胀，从而推动活塞从上止点向下止点运动，通过连杆使曲轴旋转做功，至活塞到达下止点时做功结束。此行程中进、排气门均关闭。

（4）排气行程。

为使循环能够连续进行，须将燃烧产生的废气排出。在做功行程终了时，排气门打开，进气门关闭，曲轴通过连杆推动活塞从下止点向上止点运动，废气在自身剩余压力和活塞推动下，被排出气缸，至活塞到达上止点时，排气门关闭，排气结束。

2. 上止点（TDC）

上止点（见图 1-1-14）是指活塞位于其运动的顶部时的位置，即活塞的最高位置。

3. 下止点（BDC）

下止点（见图 1-1-14）是指活塞位于其运动的底部时的位置，即活塞的最低位置。

4. 活塞行程 S

活塞行程（见图 1-1-14）是指上、下止点间的距离，用 S 表示，单位毫米（mm）。活塞由一个止点运动到另一个止点一次的过程，称为一个冲程。

5. 曲柄半径 R

曲柄半径（见图 1-1-14）是指与连杆大头相连接的曲柄销的中心线到曲轴回转中心线的距离，用 R 表示，单位毫米（mm）。显然，曲轴每转一周，活塞移动两个冲程，即

$$S = 2R$$

6. 气缸工作容积 V_h

气缸工作容积（见图 1-1-14）是指活塞从一个止点移动到另一个止点所扫过的容积，用 V_h 表示，单位升（L）。显然有

$$V_h = \frac{\pi D^2}{4 \times 10^6} S$$

式中 V_h——气缸工作容积，L；

D——气缸直径，mm；

S——活塞行程，mm。

7. 燃烧室容积 V_C

燃烧室容积（见图 1-1-14）是指活塞位于上止点时，活塞顶上方的气缸空间容积，用 V_C 表示，单位升（L）。

8. 气缸总容积 V_a

气缸总容积（见图 1-1-14）是指活塞位于下止点时，活塞顶上方的气缸空间容积，用 V_a 表示，单位升（L）。显然有

$$V_a = V_c + V_h$$

9. 发动机排量 V_L

发动机排量（见图 1-1-14）是指发动机所有气缸工作容积之和，用 V_L 表示，单位升（L）。对于多缸发动机，有

$$V_L = V_h i$$

式中 i——发动机气缸数。

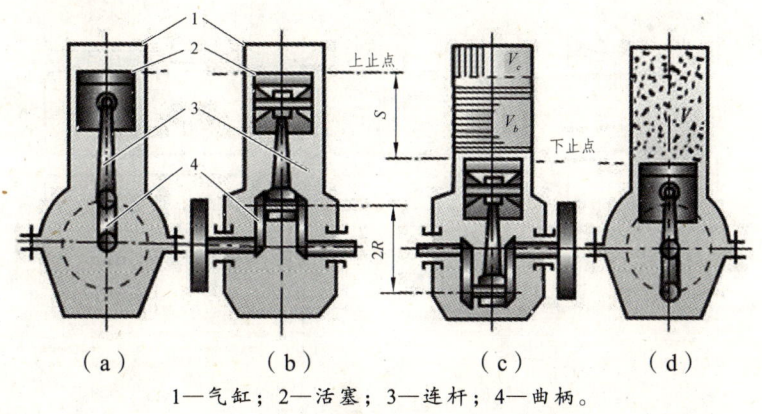

1—气缸；2—活塞；3—连杆；4—曲柄。

图 1-1-14 发动机基本术语示意

学习活动二 发动机进气不畅检修

一、学习目标

（1）能够在教师的指引下，查阅资料，完成发动机进气系统组成的信息检索。
（2）能够根据操作要点，规范填写维修工单，合理分配人员，并具体实施。
（3）能够认识进气系统零部件，并指出实际安装位置。
（4）能够结合实物描述进气系统零部件结构与工作原理。
（5）能根据维修手册及相关资源制订进气系统规范拆装方案。
（6）能够在团队作用下，独立或集体完成学习任务。
（7）能够执行活动过程的 7S 管理要求。
（8）能够按职业能力评价要求进行展示评价。

二、学习准备

设备：卡罗拉发动机实训台架或整车、举升机等。
常用工量具：工具车 1 套，配备常用梅花扳手、套筒扳手、螺丝刀、真空表等。
油料、材料：化油器清洗剂、汽油、碎布等。
资料：网络资源、维修手册、维修工单、安全操作规程。
分组：每组 5~6 人，小组讨论后，由组长按岗位分配人员。

三、学习内容

发动机进气不畅检修学习活动如图 1-2-1 所示。

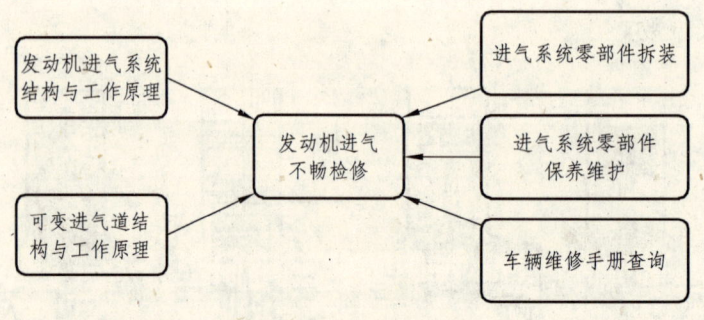

图 1-2-1 学习活动

四、引导问题

（1）发动机空气供给系统主要由_____、_____、_____、_____、_____等组成。

（2）空气滤清器的功用主要是_____，_____。

（3）发动机进气道可分为_____、_____两种，其中传统进气道由_____、_____、_____、_____等组成。

（4）可变进气道利用改变_____、_____等方式，来改变进气压力波，提高充气效率。要求在中低速时，_____进气效果好；在高转速时，_____进气效果好。

（5）进气系统中谐振腔的作用是_____
_____。

五、学习过程

1. 填写维修工单

（1）根据学习活动拆分活动环节或步骤制订相关维修作业计划。
（2）小组讨论分工填写维修工单——附件。

查阅维修手册及相关资源，参考作业规范图（见图 1-2-2），列举发动机进气系统检修的注意事项：
_____
_____
_____
_____
_____
_____
_____
_____

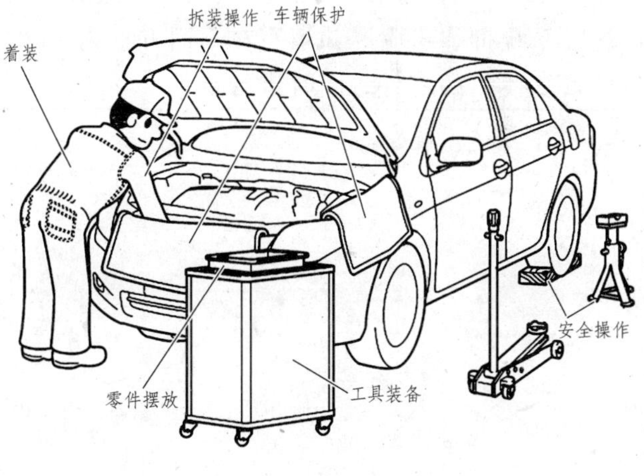

图 1-2-2 作业规范图

2. 进气系统零部件认知

查阅卡罗拉维修手册"1ZR-FE/2ZR-FE 发动机控制系统"相关维修章节，检索进气系统元件位置的相关信息，选择正确的元件代号填写入图 1-2-3 的方框中。

信息检索路径：_____可找到该系统相关元件名称位置信息。

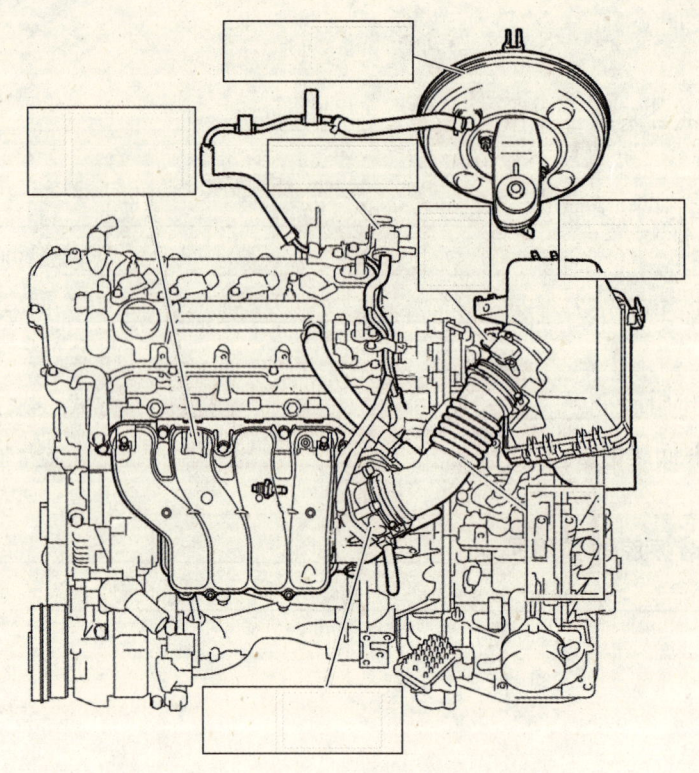

A—进气歧管；B—制动真空助力泵；C—节气门体；D—制动助力真空管；
E—空气滤清器软管总成；F—空气流量计；G—空气滤清器总成。

图 1-2-3 进气系统结构

3. 进气系统拆装

（1）查阅卡罗拉维修手册"1ZR-FE/2ZR-FE 发动机进气系统"及"发动机机械部分 EM"，制订进气系统拆装步骤，并填写在下面方框内，要求写出零部件对应螺栓数量、工具、安装力矩及不可重复使用的零件，同时进行展示。

（2）根据拆装步骤对发动机进气系统进行拆装检修。

（3）可变进气歧管结构与认知。

① 结合学习资料，在图 1-2-4 中方框处将元器件名称填写完整，并将元器件作用填入表 1-2-1 中。

图 1-2-4　可变进气歧管

表 1-2-1　可变进气歧管元件作用

序号	元件名称	作　用
1		
2		
3		

② 利用不同颜色彩笔在图 1-2-5 中绘制可变进气管道在不同工况时的气流通道路径，并用文字简单描述出低速、高速时的工作原理。

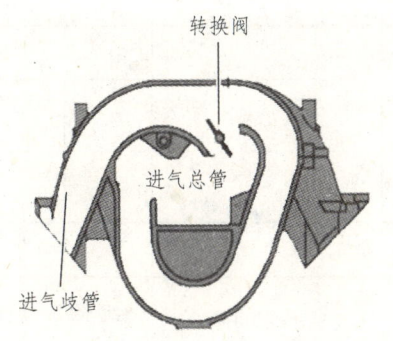

图 1-2-5　可变进气管道内部结构

低速：

_____

_____

高速：

_____

_____

_____

③ 空气滤清器维护。

空气滤清器一般在车辆行驶_____km/_____个月后，使用压缩空气进行清洁；在车辆行驶_____km/_____个月后进行更换。

判断该车空气滤清器性能：_____（清洁/更换）。

④ 使用化油器清洗剂，清洗发动机进气歧管，安装发动机进气歧管。

六、评价反馈

组员进行自我评价、相互评价，完成表1-2-2的相应内容。

组间评价说明：

（1）操作评价。评价人指定进气系统相关的部件，被评价人在维修手册中找出相应部件所在的页码，并在实车或台架找出对应的部件，填写于评价表中。

（2）评价要求。组间评价表由评价人给予对应评价等级：单行全对的得"A"，错两个（含）以下的得"B"，错两个以上的得"C"。

表 1-2-2 学习评价表

项目	评价内容				评价等级		
自我评价	学到的知识点：						
	学到的技能点：						
	不理解的有：						
	还需要深化学习并提升的有：						
组内评价	○按时到场　　　○工装齐备　　　○书、本、笔齐全						
	○安全操作　　　○责任心强　　　○7S管理规范						
	○学习积极主动　○合理使用教学资源　○主动帮助他人						
	○接受工作分配　○有效沟通　　　○高效完成工作任务						
组间评价	元件名称	手册页码	紧固力矩	是否正确操作			
	进气歧管						
	电子节气门						
	空气滤清器维护	拆装并使用压缩空气进行清洁					
	进气各管路连接安装	卡箍安装位置、管路接头					
	节气门体水管	卡箍安装位置、管路接头					
小组评语及建议	他（她）做到了：				组长签名： 年　月　日		
	他（她）的不足：						
	给他（她）的建议：						
教师评语及建议					评价等级： 教师签名： 年　月　日		

七、学习材料

（一）进气系统的组成及功用

进气系统由空气滤清器、空气流量计、进气压力传感器、节气门体、附加空气阀、怠速控制阀、谐振腔、动力腔、进气歧管等组成。

进气系统的主要功用是为发动机输送清洁、干燥、充足、稳定的空气以满足发动机的需求，避免空气中杂质及大颗粒粉尘进入发动机燃烧室造成发动机异常磨损。进气系统的另一个重要功能是降低噪声，进气噪声不仅影响整车通过噪声，而且影响车内噪声。进气系统设计的好坏直接影响到发动机的功率及降噪品质，关系到整车的乘坐舒适性。合理设计消声元件可降低子系统噪声，进而提升整车噪声、振动及声振粗糙度（NVH）性能。

1. 空气滤清器（见图 1-2-6）

功用：清除空气中所含的尘土和砂粒，以减少气缸和活塞环的磨损。

类型：油浴式空气滤清器、纸滤芯空气滤清器、离心式及复合式空气滤清器。

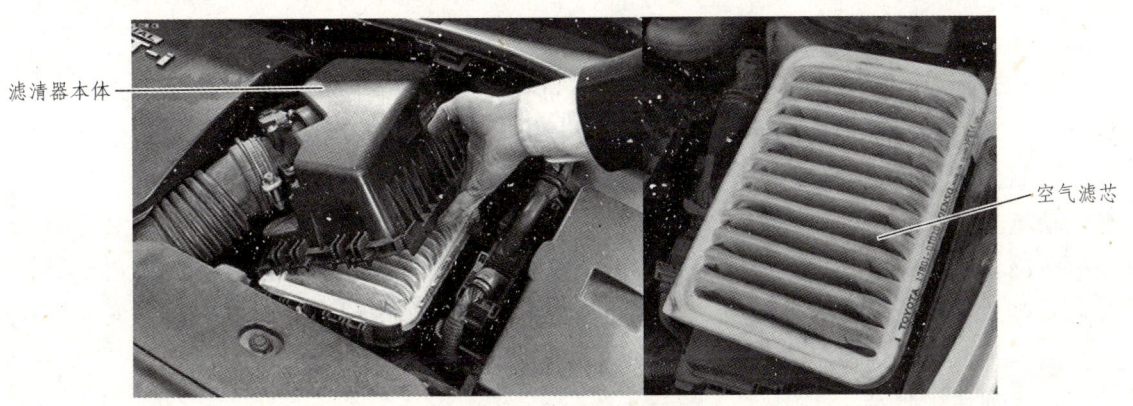

图 1-2-6　空气滤清器

2. 进气歧管

功用：将空气、燃油混合气或洁净空气尽可能均匀地分配到各个气缸。

进气歧管将来自进气总管的空气送到各气缸所对应的进气道。为了增大进气量，需控制进气管道截面面积的大小、弯曲程度以及管道内表面的形状，尽力减小进气阻力。同时各缸所对应进气歧管内气体管道的长度应尽可能相等，以确保各缸的进气量均匀一致。

汽车进气歧管常采用铝合金（见图 1-2-7）、工程塑料（见图 1-2-8）等材料加工而成。

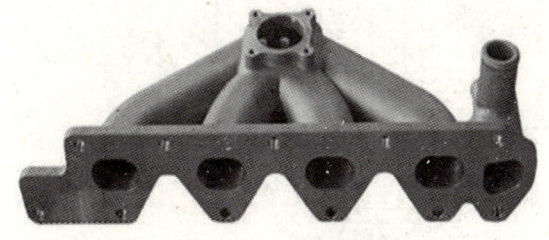 

图 1-2-7　铝合金进气歧管　　　　　图 1-2-8　工程塑料进气歧管

3. 节气门体

传统的机械控制式节气门直接由驾驶员通过加速踏板控制。由于一系列先进技术的出现，传统机械控制式的节气门已无法满足要求，出现了电子节气门控制系统。电子节气门使得发动机控制更灵活。

在电子节气门（见图1-2-9）系统中，节气门不是通过加速踏板拉索来控制的，节气门与加速踏板间无机械式连接装置，油门踏板位置由两个油门踏板位置传感器接入发动机控制单元，这两个传感器与油门踏板一体，构成可变电阻，安装在一个壳体内。油门踏板的位置反映司机的意愿，是发动机控制单元的主要输入参数。

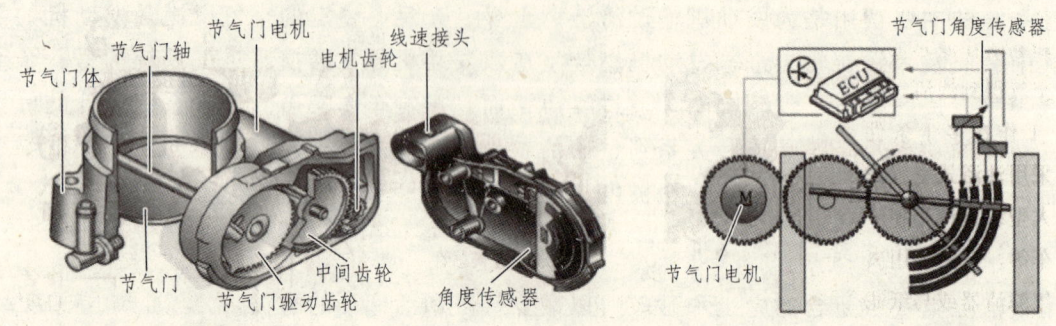

图1-2-9　电子节气门

（1）电子节气门的组成。

如图1-2-9所示，来自ECU的指令使直流电机动作，通过传动机构影响节气门的开度。

当发动机不运转且点火开关打开时，发动机控制单元根据加速踏板位置传感器输送的信号控制节气门控制器，当加速踏板踏下一半时，节气门也打开一半。

当发动机运转时，发动机控制单元可不依靠加速踏板位置传感器来打开或关闭节气门。尽管加速踏板只踏下一半，节气门可能已完全打开。这样可减少节流损失，还能在一定负荷状态下减少有害物质排放和降低油耗。发动机所需转矩由控制器通过节气门开度、进气量、发动机转速、喷油量、点火提前角等确定。

（2）电子加速踏板。

电子加速踏板的组成包括加速踏板、位置传感器（见图1-2-10）和复位弹簧。

电子加速踏板是动力系统中重要的信号输入源，它直接反映驾驶员对动力的需求。系统针对不同踏板的电子特性匹配不同的数据。常用的电位计式加速踏板传感器的主要部分是电位计，它产生一个与踏板位置有关的电压。按存储在控制单元中的传感器特性线，控制单元将电压转换成加速踏板的位移或角度位置。电子加速踏板一般采用双线电位计，两个电信号相互校核，确保踏板信号的正确性和驾驶的安全性。

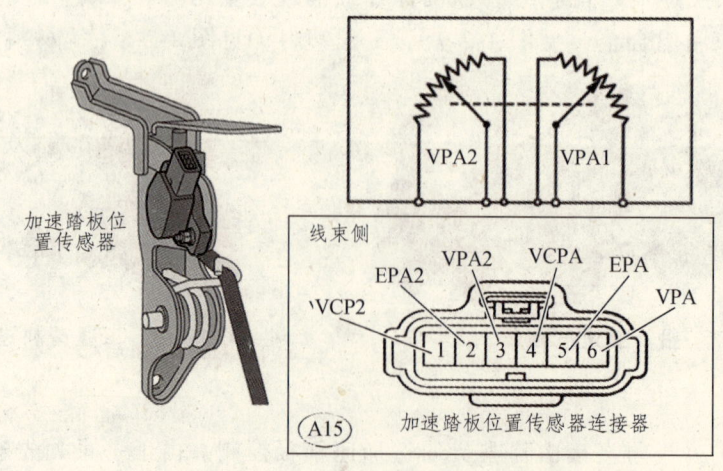

图1-2-10　加速踏板及位置传感器

4. 可变进气歧管长度系统

为了在不同转速下都能充分利用进气波动效应，应使进气歧管长度与发动机的转速相匹配。现代轿车发动机为了尽量兼顾发动机在高、低速下都具有较好的经济性和动力性，常采用可变长度进气歧管技术，在高转速时用粗短的进气歧管，在中、低转速时用细长的进气歧管。

可变进气歧管长度系统采用了一个控制阀来控制进气歧管的长度，这是目前主流的进气歧管长度可变机构的设计。该系统中进气歧管多数会被设计成螺旋状，气流从中部进入。当引擎低转速运行时，控制阀关闭，气流被迫从长歧管流入气缸，此时进气歧管的空气振荡频率得以降低，以降低的进气门开启频率。当引擎处于较高转速时，进气门开启频率上升，此时控制阀开启，气流绕开下部导管直接"抄近道"进入气缸，这降低了进气歧管的振荡频率，利于高速进气，如图1-2-11所示。

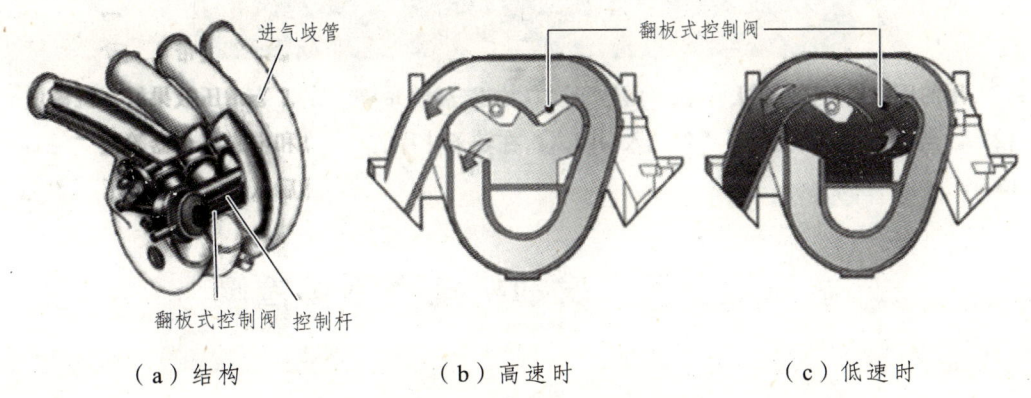

（a）结构　　　　（b）高速时　　　　（c）低速时

图 1-2-11　可变进气歧管

二段式可变进气歧管显然不能完全满足各个转速下引擎的进气需求。解决的办法是设计一套连续可变进气歧管长度的机构，在进气机构中间设计了一个转子来控制进气歧管的长度，通过转子角度的变化，使进气气流进入气缸的长度连续可变，如图1-2-12所示。

图 1-2-12　二段式可变进气歧管

5. 可变截面进气歧管

根据流体力学的原理：管道的截面面积越大，流体的压力差越小；管道截面面积越小，流体的压力差越大。可以使发动机在高转速时使用较大的进气歧管截面面积，提高进气流量；在低转速时使用较小的进气歧管截面面积，提高气缸的进气负压。这一装置也能在气缸内充分形成涡流，让空气与汽油更好地混合，如图1-2-13所示。

图 1-2-13 可变截面进气歧管

学习活动三　发动机排气不畅检修

一、学习目标

（1）能够在教师的指引下，查阅资料，完成发动机排气系统组成的信息检索。
（2）能够根据操作要点，规范填写维修工单，合理分配人员，并具体实施。
（3）能够结合实物描述排气系统零部件结构与工作原理。
（4）能够认识排气系统零部件，并指出实际安装位置。
（5）能根据维修手册及相关资源制订排气系统规范拆装方案。
（6）能够在团队作用下，独立或集体完成学习任务。
（7）能够执行活动过程的7S管理要求。
（8）能够按职业能力评价要求进行展示评价。

二、学习准备

设备：卡罗拉发动机实训台架或整车、举升机等。
常用工量具：工具车1套，配备常用梅花扳手、套筒扳手、螺丝刀、压力表、真空表等。
油料、材料：化油器清洗剂、汽油、碎布等。
资料：网络资源、维修手册、维修工单、安全操作规程。
分组：每组5~6人，小组讨论后，由组长按岗位分配人员。

三、学习内容

发动机排气不畅检修学习活动如图1-3-1所示。

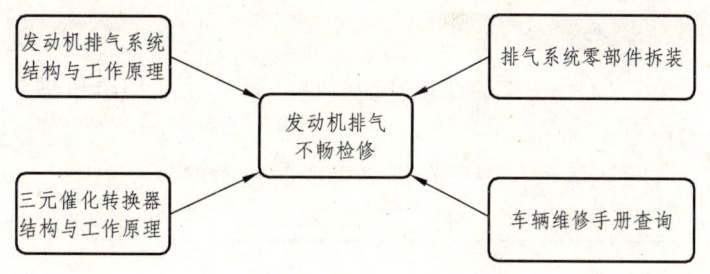

图 1-3-1 学习活动

四、引导问题

（1）发动机排气系统由_____、_____、_____、_____、_____、_____组成。

（2）排气歧管一般由_____或_____材料制成，排气歧管应尽可能长，各缸歧管相互独立、长度相等。

（3）排气系统中三元催化器的作用是_____
_____。

（4）三元催化器一般工作温度为_____，其催化剂主要成分有_____、_____、_____三种。

（5）排气系统消音器主要是通过_____和_____的方式来降低排气噪声。

五、学习过程

1. 填写维修工单

（1）根据学习活动拆分活动环节或步骤制订相关维修作业计划。

（2）小组讨论分工填写维修工单——附件。

2. 操作安全事项

查阅维修手册及相关资源，参考作业规范图（见图 1-3-2），列举发动机排气系统检修的注意事项：

_____
_____
_____
_____
_____
_____
_____

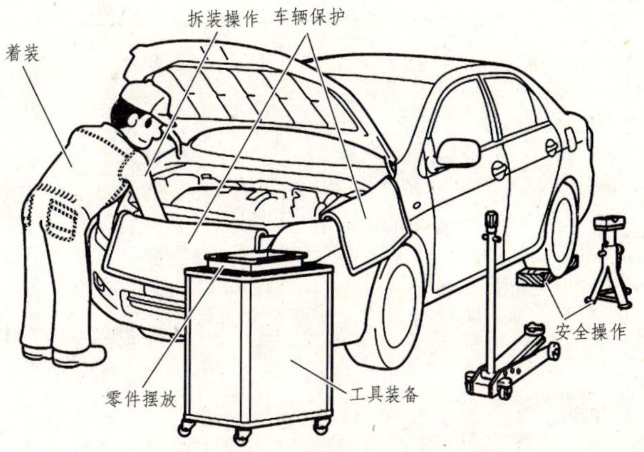

图 1-3-2 作业规范图

3. 排气系统零部件认知

查阅卡罗拉维修手册"1ZR-FE/2ZR-FE 发动机排气系统及发动机机械"部分，检索发动机排气系统位置分布的相关信息。

（1）指出发动机排气系统零件位置所在维修手册的检索路径：_____
_____
_____。

（2）参照维修手册查找发动机排气系统零部件，在实车或台架中指出相应零部件的名称。正确填写图 1-3-3 中方框所对应部件的名称，写出方框中数字代码对应部件的作用。

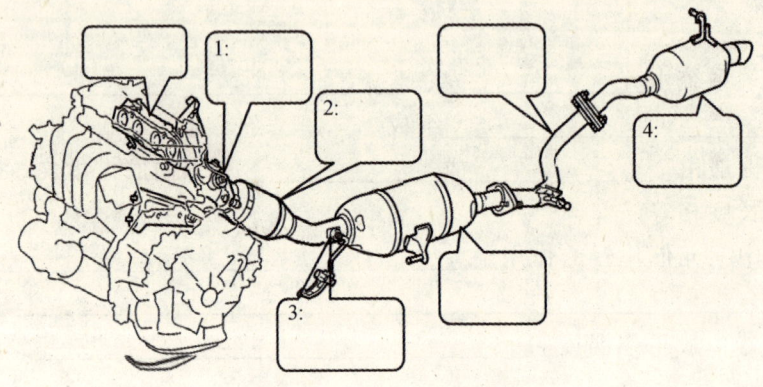

图 1-3-3　排气系统结构

1：_____
2：_____
3：_____
4：_____

4. 排气系统拆装

（1）查阅卡罗拉维修手册"1ZR-FE/2ZR-FE 发动机排气系统"及"发动机机械部分 EM"，制订排气系统拆装步骤，并填入方框中，要求写出零部件对应螺栓数量、工具、安装力矩及不可重复使用的零件，同时进行展示。

（2）根据拆装步骤对发动机排气系统进行拆装检修。

（3）指出图 1-3-4 中零部件名称，结合维修手册在方框内用数字标示该零部件正确的拆装顺序。

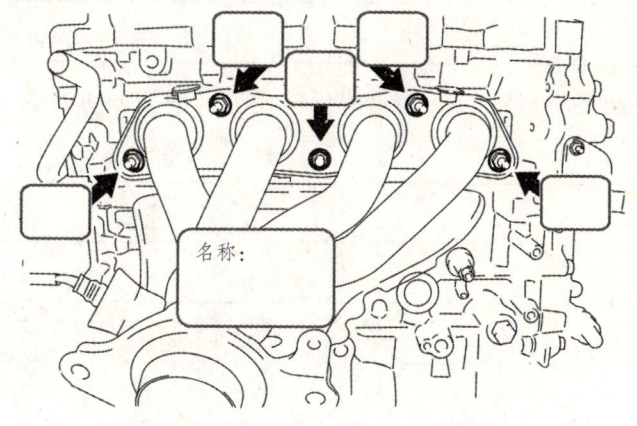

（a）拆卸

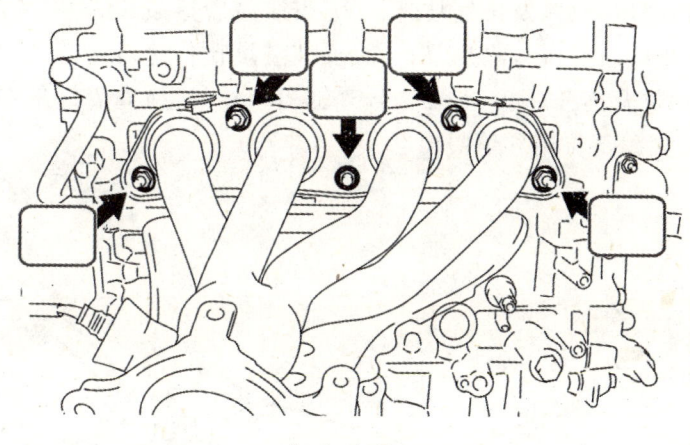

（b）安装

图 1-3-4　排气歧管螺栓拆装顺序

（4）三元催化器结构与检修如图 1-3-5 所示。

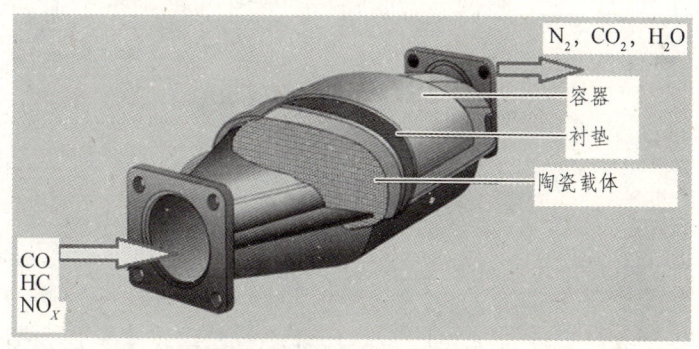

图 1-3-5　三元催化器内部结构

① 查阅相关资料，写出图 1-3-5 中三元催化转换器的还原方程式。

② 查找维修手册及相关资料，写出三元催化转换器性能判断方法及可能出现的故障现象。

（5）参照以下组装顺序，安装发动机排气系统。

① 安装排气歧管 2 号隔热罩及排气歧管；② 安装歧管撑条；③ 安装前排气管总成；④ 安装氧传感器；⑤ 安装排气歧管 1 号隔热罩；⑥ 安装空燃比传感器；⑦ 安装前围上外板；⑧ 安装挡风玻璃刮水器电动机及连杆；⑨ 安装 2 号气缸盖罩；⑩ 检查废气是否泄漏。

请在图 1-3-6 中将检漏部位用彩笔圈出。

图 1-3-6　排气系统检漏位置

六、评价反馈

组员进行自我评价、相互评价，完成表 1-3-1 的相应内容。

组间评价说明：

（1）操作评价。评价人指定排气系统相关的元器件，被评价人在维修手册中找出相应元件所在的页码，并在实车或台架找出对应的元器件，填写于评价表中。

（2）评价要求。组间评价表由评价人给予对应评价等级：单行全对的得 "A"，错两个（含）以下的得 "B"，错两个以上的得 "C"。

表 1-3-1 学习评价表

项 目	评价内容			评价等级		
				😎	🙂	☹️
自我评价	学到的知识点：					
	学到的技能点：					
	不理解的有：					
	还需要深化学习并提升的有：					
组内评价	○按时到场　　　○工装齐备　　　○书、本、笔齐全					
	○安全操作　　　○责任心强　　　○7S管理规范					
	○学习积极主动　○合理使用教学资源　○主动帮助他人					
	○接受工作分配　○有效沟通　　　○高效完成工作任务					
组间评价	元件名称	手册页码	紧固力矩	是否正确操作		
	排气歧管					
	氧传感器					
	排气歧管垫片	拆装并进行相关接触面清洁				
	三元催化转换器安装	转换器安装位置，垫片是否安装正确，螺栓力矩是否正常				
	消音器安装	消音器拆装				
小组评语及建议	他（她）做到了： 他（她）的不足： 给他（她）的建议：			组长签名： 年　月　日		
教师评语及建议				评价等级： 教师签名： 年　月　日		

七、学习材料

排气系统的组成及功用。

车辆排气系统是指收集并且排放废气的系统，主要由排气歧管、三元催化转换器、谐振器、消声器、尾管等部件组成，如图 1-3-7 所示。

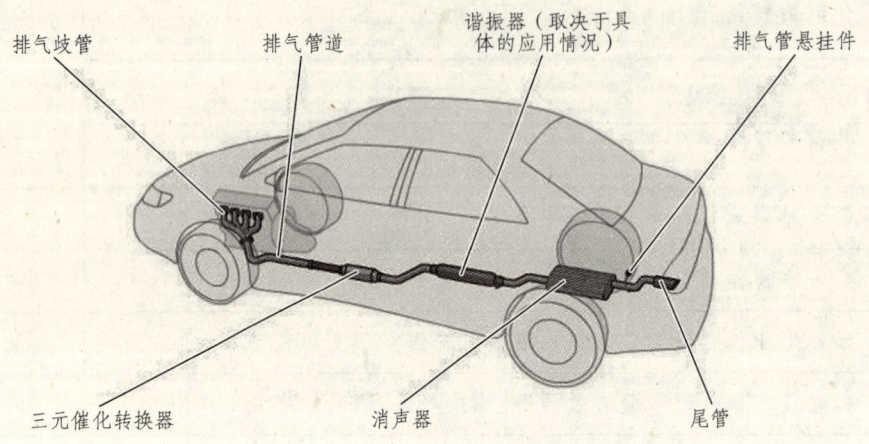

图 1-3-7 排气系统的组成

汽车排气系统的作用：将废气引到车尾排放，防止有害气体进入乘员室；改善发动机的排放污染，减少对大气的危害；降低发动机排放废气的噪声。

排气系统一般有单排气系统和双排气系统两种结构形式。单排气系统应用于直列发动机和部分 V 形发动机。直列型发动机在排气行程期间，气缸中的废气经排气门进入排气歧管，再由排气歧管进入排气管、催化转换器和消声器，最后由排气尾管排到大气中，如图 1-3-8 所示。V 形发动机有两个排气歧管，在大多数装配 V 形发动机的车辆上仍采用单排气系统，即通过一个叉形管将两个排气歧管连接到一个排气管上。有些 V 形发动机采用两个单排气系统，即每个排气歧管各自都连接一个三元催化器、消声器和排气尾管，这种布置形式称作双排气系统，如图 1-3-9 所示。双排气系统降低了排气系统内的压力，使发动机排气更为顺畅。

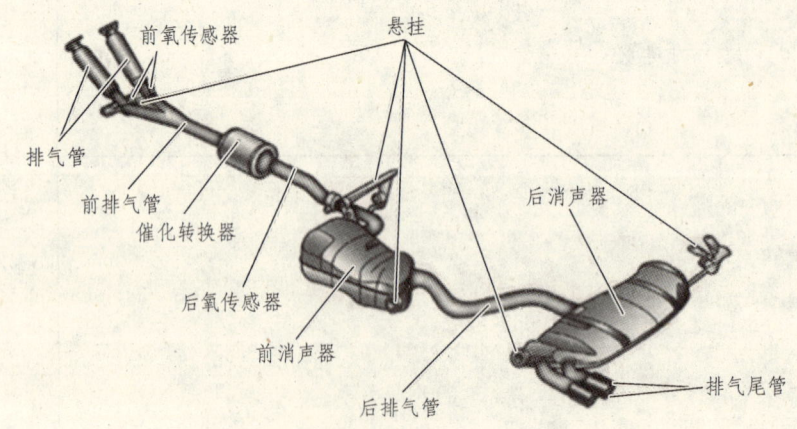

图 1-3-8 单排气系统

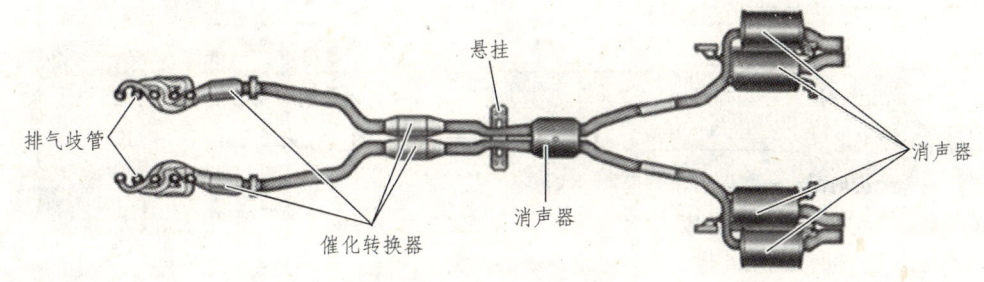

图 1-3-9 双排气系统

1. 排气歧管

排气歧管将发动机排出的废气引向排气管。直列式发动机有一个排气歧管，V形发动机左右两侧各有一个排气歧管。按照发动机缸数不同，一个排气歧管可有3个、4个或者6个通道，这些通道的另一端并接到一起，再连接到排气总管。

排气歧管一般由铸铁或球墨铸铁制造。近年来采用不锈钢排气歧管的车越来越多，其原因是不锈钢排气歧管质量小，耐久性好，同时内壁光滑，排气阻力小，如图1-3-10所示。排气歧管的形状十分重要，为了使各缸排气不相互干扰，并且不出现排气倒流现象，尽量利用惯性进行排气，排气歧管应尽可能的长，而且各缸歧管应该相互独立、长度相等。为了完全消除排气干扰现象，很多发动机把1、4缸排气歧管汇合在一起，2、3缸排气歧管汇合在一起。

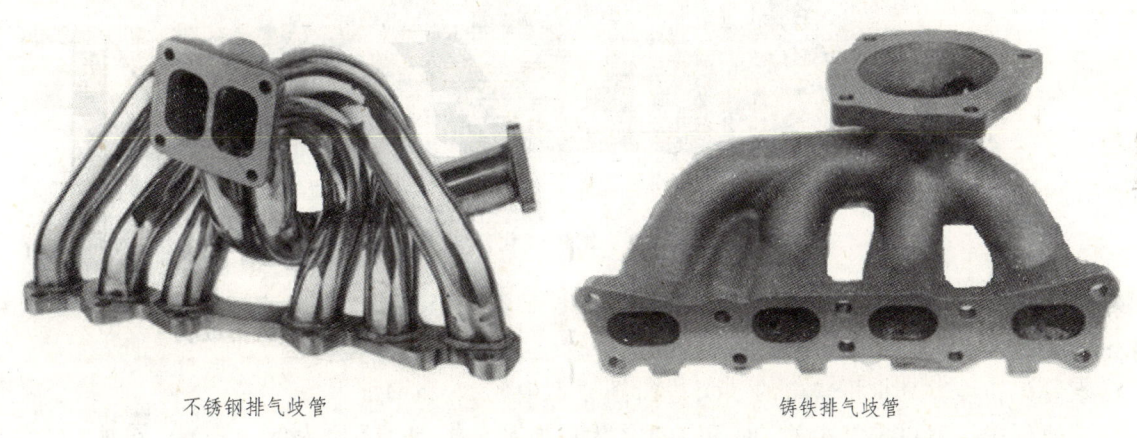

图 1-3-10 排气歧管

2. 消声器

排气门刚打开时，排气压力和温度非常高，具有一定的能量，同时，由于排气的间歇性，排气管内产生排气压力脉动。如果让废气直接排入大气，必然产生强烈的、频谱比较复杂的噪声。消声器通过逐渐降低排气压力和衰减排气脉动的方式来降低排气噪声。

消声器的基本结构形式有吸收式、扩张式、干涉式和共振式等，实际消声器是多种基本形式的组合，如图1-3-11所示。

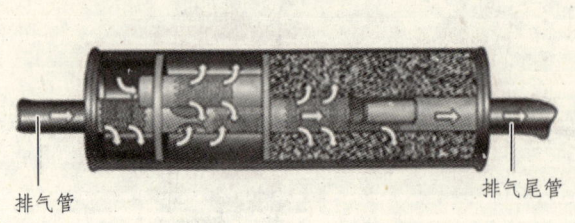 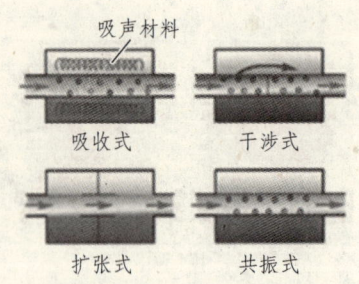

图 1-3-11 消声器

有时仅靠一个消声器达不到车辆排气噪声的标准,需在排气系统中增加类似于小型消声器的谐振器。谐振器串联在消声器前部,可以进一步降低噪声水平。

消声器的温度相对较低,且其底部低于排气尾管,废气中的水蒸气容易在消声器内凝结成水并聚集,使消声器生锈。因此,维护保养时需要检查消声器是否锈蚀。另外,还需要检查排气系统管路与车架之间的连接是否可靠,排气系统管路与车架之间是否有干涉现象。

3. 三元催化器

在排气管中安装催化转换器,当排放污染物进入排气管,流经催化器后,在催化剂的作用下将 CO、HC 和 NO_x 转换为对人体无害的气体。催化转换器有氧化催化转换器(见图 1-3-12)、还原催化转换器和三元催化转换器三种。

图 1-3-12 氧化催化转换器

氧化催化转换器只将排气中的 CO 和 HC 氧化为 CO_2 和 H_2O,因此这种催化转换器也称作二元催化转换器。

还原催化转换器只将排气中的 NO_x 进行还原,生成 N_2 和 O_2。

三元催化转换器以排气中的 CO 和 HC 作为还原剂,把 NO 还原为 N_2 和 O_2,同时 CO 和 HC 被氧化为 CO_2 和 H_2O,是常用的催化转换器。

三元催化转换器多用金属外壳封闭,中间加有隔热减振环,并将带有很多小孔的蜂窝状陶瓷作为载体,表面有一层薄的氧化铝中间镀层,再在其上镀以催化剂,催化剂大多用铂、钯、铑等贵金属制成,如图 1-3-13 所示。

催化转换器的使用有一定的要求:

(1)由于铅会使催化剂失效,要求使用无铅汽油。

(2)温度超过 350 ℃ 时才发生催化反应,温度较低时转换效率急剧下降。

(3)发动机的混合气浓度必须始终保持在理论空燃比,只允许极小的偏差才能有较好的转换效果,长期过浓或过稀都会使三元催化转换器失效。

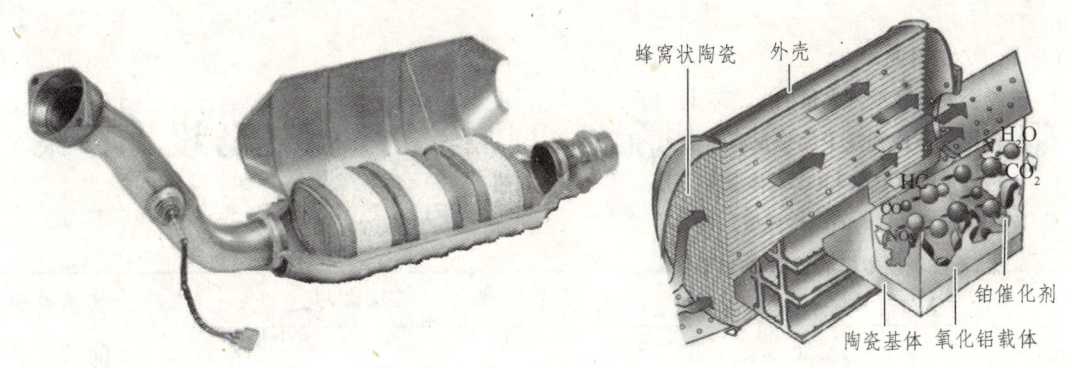

图 1-3-13　三元催化转换器结构

4. 废气再循环

废气再循环（EGR）就是通过回引部分废气与新鲜空气共同参与燃烧反应，利用废气中含有的大量气体（CO_2，N_2，H_2O 等）具有较高的比热容的特性，降低燃烧温度，从而达到降低排气中 NO_x 含量的目的。当这些不活泼气体被吸入燃烧室后，燃烧状况就会发生改变。大量的 N_2 和 CO_2 起到了稀释气缸内反应气体的作用，从而减慢了燃烧反应速度，降低了最高燃烧温度。高热容量的水蒸气和 CO_2 气体温度上升需吸收较多的热量，有效地降低了气缸内的燃烧温度，使 NO_x 生成量减少，如图 1-3-14 所示。

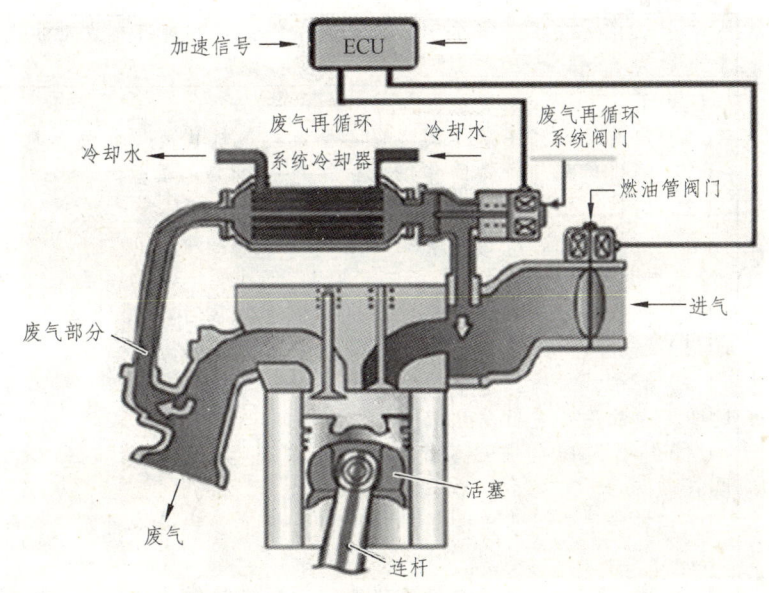

图 1-3-14　废气再循环（EGR）

废气再循环（EGR）系统有很多种形式和控制方式。根据系统执行器（EGR 阀）的动作控制形式，可以分为机械控制式 EGR 系统和电子控制式 EGR 系统；根据 EGR 阀的控制对象，即系统控制的方式，可以分为直接控制式 EGR 系统和间接控制式 EGR 系统；根据 EGR 系统中阀的个数可以分为单阀控制式和多阀控制式；根据 EGR 系统的控制结构，可以分为开环控制式 EGR 系统和闭环控制式 EGR 系统。

学习任务二 发动机配气机构检修学习任务设计方案

专业名称	汽车技术服务与营销	一体化课程名称	发动机故障检修
学习任务	发动机配气机构检修	建议学时	80
工作情景描述	王先生所驾驶的卡罗拉汽车，车辆行驶过程中突然熄火，无法启动，现车辆进厂维修，技术人员初步诊断为正时皮带断裂。作为未来的维修人员，我们将会按照维修工单和车间作业流程，在教师的指引下，按照维修手册的要求，对本故障进行规范拆检，制订维修方案，确定故障部位，排除故障，恢复车辆性能并最终检验合格后交付前台			
学习任务描述	在教师的指导下确认故障现象，接受故障排除任务后学习配气机构的结构组成及工作原理并完成相关工作页的填写，对配气机构相关部件进行检测，确定故障部位，制订维修方案，排除故障并竣工检验合格，交付车辆后进行总结、评价			
与其他学习任务的关系	在汽车维护保养学习任务中已了解如何进行发动机基本维护，在了解汽车发动机基本结构的基础上完成本学习任务，通过本学习任务的学习为汽车发动机检修的其他学习任务打下基础			
学生基础	学生已经完成了汽车维护、保养的操作知识，对汽车发动机各系统的结构认识有了一定的了解			
学习目标	1.知识 （1）能通过维修手册及网络资源检索配气机构故障相关信息。 （2）能描述配气机构的作用、结构组成和工作原理。 （3）能描述工、量具的使用方法。 （4）能描述配气机构常见故障原因和排除方法。 2.技能 （1）能正确确认故障现象并初步分析故障原因。 （2）能查阅维修手册，制订拆装检修步骤，并进行展示点评。 （3）能在教师的指引下，按照故障检修流程，拆检相关零部件，确定故障部位并最终排除故障后进行总结评价。 （4）能拆装配气机构零部件，按要求进行检查与调整，进行零部件检测并判断性能。 （5）能使用量具正确测量零部件，依据维修手册进行零部件性能判断。 3.素养 （1）能在团队作用下独立或协作完成故障检修、总结评价等任务。 （2）能遵守工作过程的7S检验和职业能力展示评价			
学习内容	（1）学习安全操作规程及7S现场管理规定。 （2）维修手册的使用。 （3）游标卡尺、外径千分尺、磁性表座的使用。 （4）零部件拆装，性能参数检测及判断。 （5）配气机构的作用、结构组成及工作原理。 （6）配气正时拆装检测。 （7）气门组拆装检测。 （8）配气机构故障检测及排除。 （9）与他人沟通合作，获取信息，对学习与工作进行总结，展示评价			

续表

教学条件	维修手册、安全操作规程、车间管理制度、7S管理规范制度、普通拆装工具、万用表、发动机电控系统实训台架、气门拆装钳、外径千分尺、游标卡尺、磁性表座、车辆、举升机等
教学组织形式	教学组织形式：小组学习 1.情景再现 教师组织学生以小组的形式观察配气机构故障现象，初步检测，明确学习任务。 2.初步分析 小组利用工作页和相关知识分析配气机构故障现象及原因。 3.制订方案 学生分组分析故障原因，制订维修方案并展示评价。 4.实施方案 小组进行发动机配气机构的零部件拆装检测，排除故障，工作过程实行自检、互检和终检三级检验。 5.评价反馈 小组总结、评价，实行自评、互评、教师点评综合评价
教学流程与活动	1. 教学流程 复习与提问→再现情景→任务导入→任务分配→任务实施→评价反馈。 2. 学习活动 | 学习活动一	发动机配气正时检修	30学时 | |---|---|---|
学习活动二	发动机气门组检修	50学时	
评价内容与标准	1. 专业能力评价标准 （1）规范使用工量具和检测设备。 （2）通过参数检测判断配气机构零部件性能。 （3）查阅维修手册，分析故障原因。 （4）按照故障检修流程排除故障并总结排除故障思路。 （5）描述配气机构的作用、结构组成和工作原理。 （6）描述维修手册查阅方法和思路。 （7）描述各类配气正时结构类型和工作特点。 （8）工作过程的自检、互检、终检和7S监督，执行安全操作，做好安全防护。 2. 社会能力评价标准 （1）收集资料、方案制作能力（PPT制作能力、图案绘制能力）。 （2）展示表达能力，沟通交流能力，团队协作能力。 （3）观察分析相互评价、相互肯定与提升的能力。 3. 方法能力评价标准 （1）维修手册使用方法。 （2）通过维修手册和网络资源有效获得支撑资料的方法。 （3）通过维修资料和场地资源，小组、教师等团队资源解决问题的方法

学习活动一　发动机配气正时检修

一、学习目标

（1）能够在教师的指引下，查阅资料，完成发动机配气正时的信息检索。
（2）能够根据操作要点，规范填写维修工单，合理分配人员，并具体实施。
（3）能够在实车或台架认知发动机配气正时零部件，并描述各部件的名称、作用和安装位置。
（4）能够利用维修资料制订不同正时传动连接方式的配气正时错齿维修方案。
（5）能够根据维修资料正确规范拆装发动机正时链条（皮带）附件。
（6）根据维修资料维修发动机配气正时故障。
（7）能够在团队作用下，独立或集体完成学习任务。
（8）能够执行活动过程的 7S 管理要求。
（9）能够按职业能力评价要求进行展示评价。

二、学习准备

设备：卡罗拉发动机实训台架或整车、凸轮轴安装专用工具等。
常用工量具：工具车 1 套，配备常用梅花扳手、套筒扳手、螺丝刀、风枪、扭力扳手、量具等。
油料、材料：化油器清洗剂、机油、碎布等。
资料：网络资源、维修手册、维修工单、安全操作规程。
分组：每组 5~6 人，小组讨论后，由组长按岗位分配人员。

三、学习内容

发动机配气正时检修学习活动如图 2-1-1 所示。

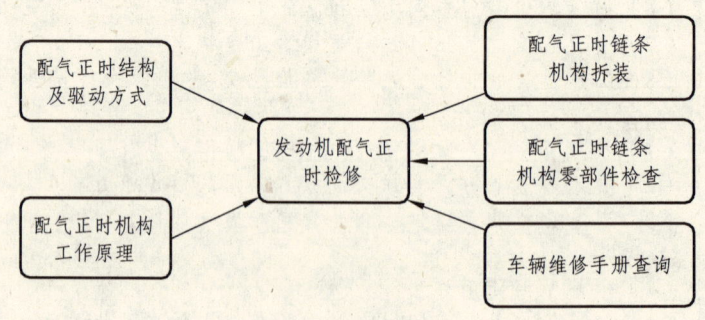

图 2-1-1　学习活动

四、引导问题

（1）凸轮轴由_____驱动，其驱动方式有_____、_____、

_____三种。

（2）配气机构作用是_____。

（3）凸轮轴根据在发动机上的安装位置不同,可分为_____、_____、
_____三种。

（4）在四行程发动机上,由于凸轮轴驱动齿数是_____的两倍,所以凸轮轴的转速是曲轴转速的_____。

（5）顶置式凸轮轴有_____、_____两种类型。

（6）齿轮驱动方式的优点：_____

链条驱动方式的优点：_____。

齿形带驱动方式的优点：_____。

（7）发动机正时齿形带断裂的故障原因有_____
_____。

五、学习过程

1. 填写维修工单

（1）根据学习活动拆分活动环节或步骤,制订相关维修作业计划。

（2）小组讨论分工填写维修工单——附件。

2. 操作安全事项

查阅维修手册及相关资源,参考操作规范图（见图 2-1-2）,列举发动机配气正时检修注意事项：
_____
_____
_____
_____
_____
_____
_____

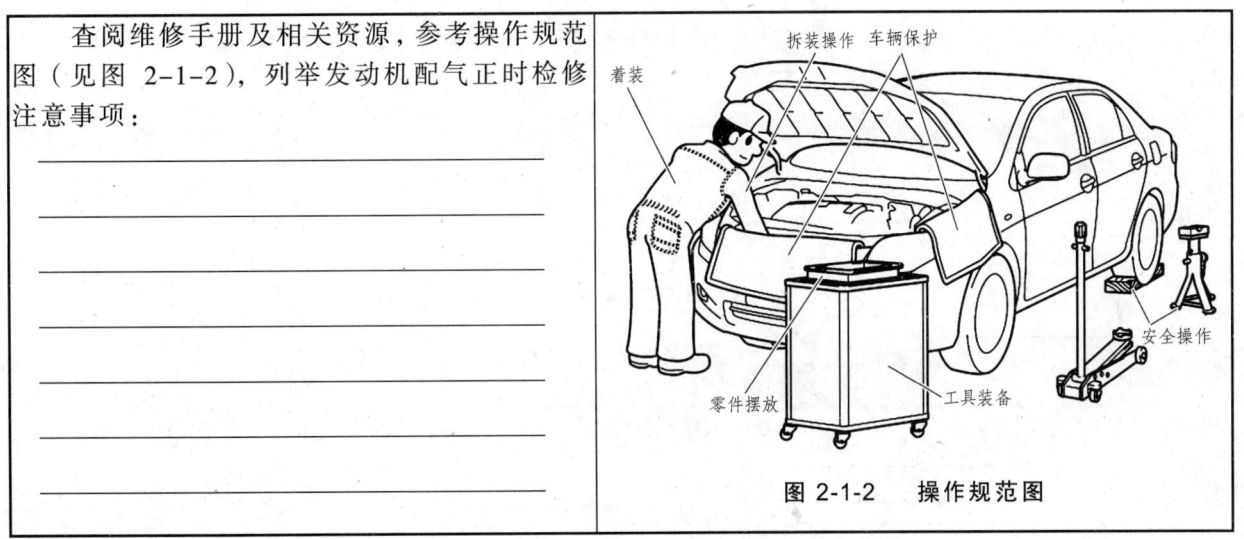

图 2-1-2　操作规范图

3. 配气正时零部件认知

查阅卡罗拉维修手册"1ZR-FE/2ZR-FE 发动机机械部分",认知发动机零部件,检索发动机正时链条盖相关零部件元件位置分布的相关信息。

（1）指出发动机零件位置（见图 2-1-3）所在位置的检索路径：_____
_____。

（2）查阅维修手册,参照图 2-1-3,在图中方框处写出对应零部件名称,并在圆圈内写出其固定螺栓拧紧力矩及螺栓数量。

（3）查阅维修手册及相关资源,写出图 2-1-4 中发动机配气正时机构零部件名称,并写出相

关零部件的作用。

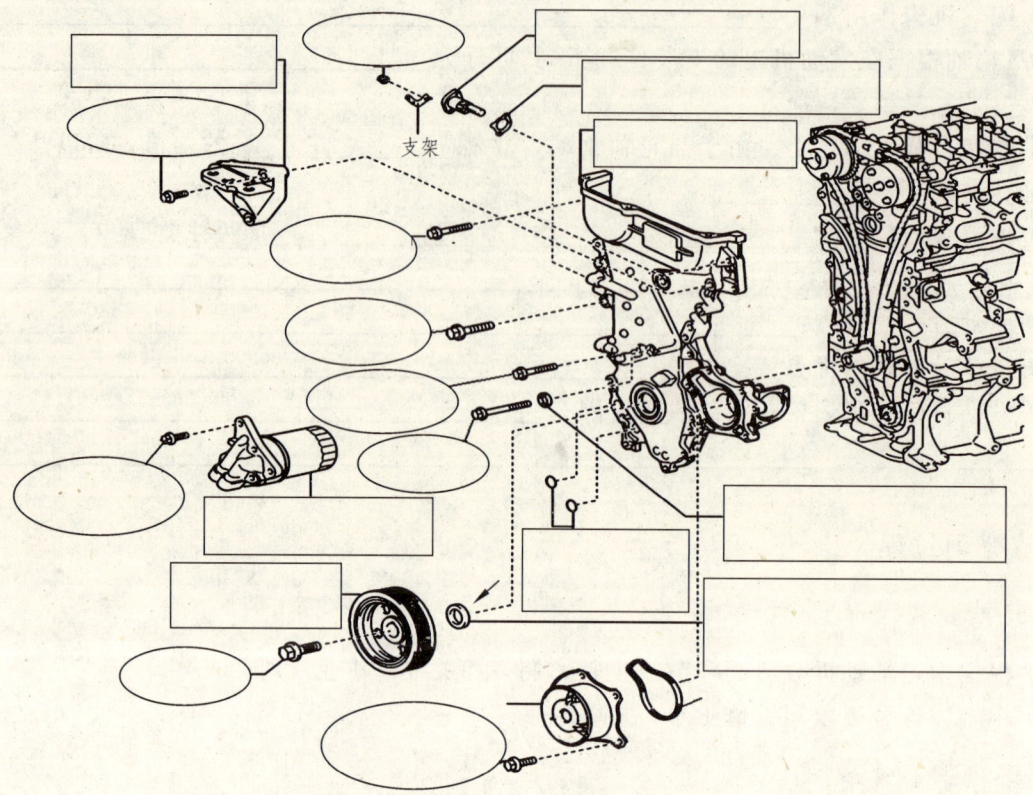

图 2-1-3 发动机正时链条盖零部件

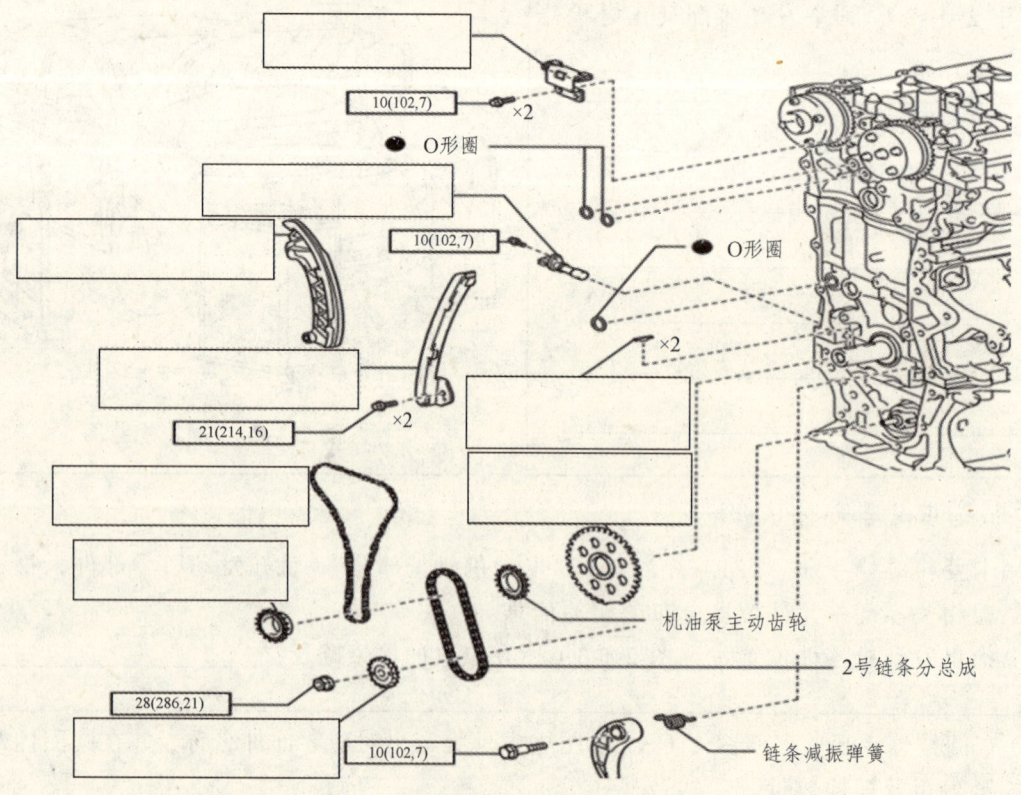

图 2-1-4 发动机配气正时机构零部件

零部件的作用：

（1）曲轴位置传感器：_____；

（2）链条张紧器导板：_____；

（3）曲轴正时齿轮键：_____；

（4）链条张紧器：_____；

4．配气正时机构拆装

（1）查阅卡罗拉维修手册"1ZR-FE/2ZR-FE 发动机机械部分"，制订配气正时机构拆装步骤，写出维修过程中的安全注意事项及不可重复使用的零件，并进行展示。

```
┌─────────────────────────────────────────────────────┐
│                                                     │
│                                                     │
│                                                     │
│                                                     │
│                                                     │
│                                                     │
│                                                     │
└─────────────────────────────────────────────────────┘
```

（2）参照维修手册及所制订的检修方案，拆卸发动机配气机构，并检测相关零部件。

分解步骤：

① 气缸盖罩分总成拆卸如图 2-1-5 所示。　　② 机油滤清器支架拆卸如图 2-1-6 所示。

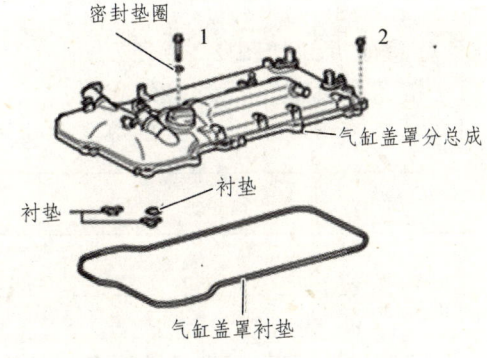

图 2-1-5　气缸盖罩分总成示意

图中需更换的零部件有_____
_____。
螺栓"1"的数量：_____，螺栓"2"的数量：_____。

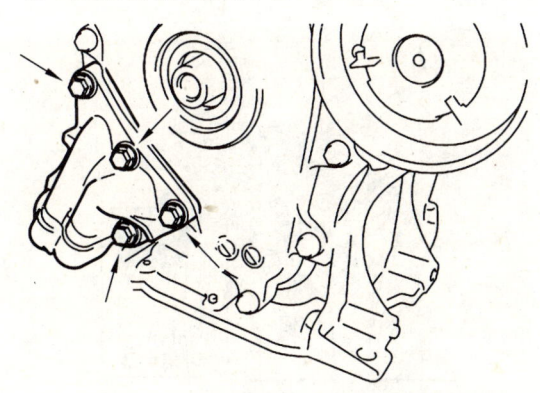

图 2-1-6　机油滤清器支架示意

图中部件分解完成后需更换的零件为_____
_____。
螺栓数量：_____。

③ 正时链条盖分总成拆卸如图 2-1-7 所示。

分解正时链条盖分总成时应先进行 1 缸上止点设置，如何进行 1 缸上止点设置？

_____

_____

_____

_____

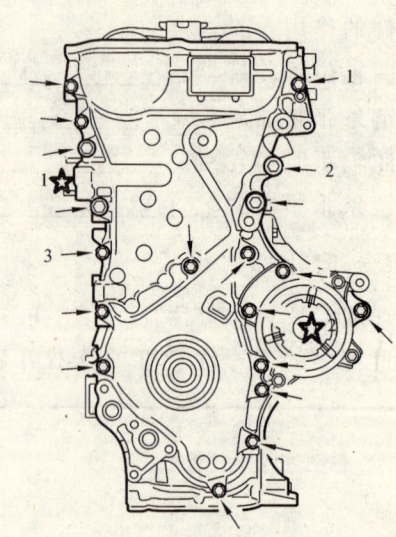

图中五角星 1 位置为_____，五角星 2 位置为_____。

螺栓数量：螺栓 1_____，螺栓 2_____，螺栓 3_____。

图 2-1-7　正时链条盖分总成示意

④ 链条张紧器导板、链条振动阻尼器拆卸如图 2-1-8 所示。

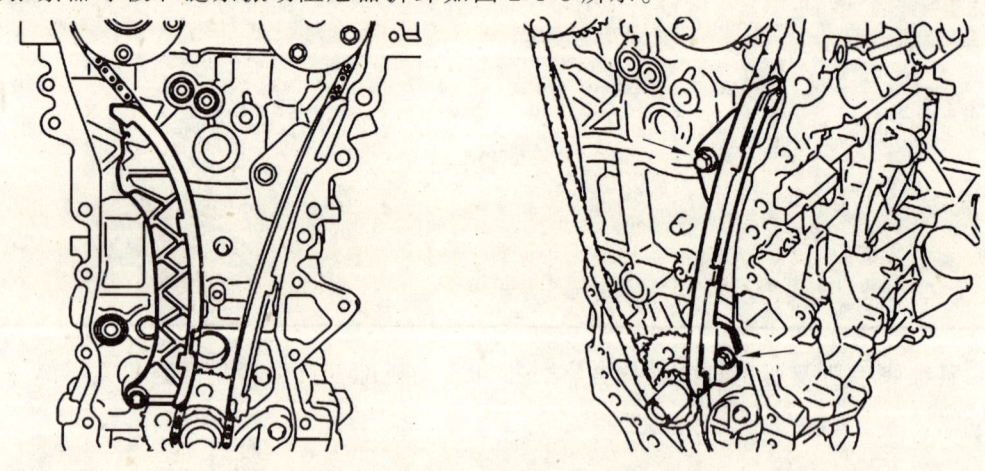

图 2-1-8　链条张紧器导板、振动阻尼器示意

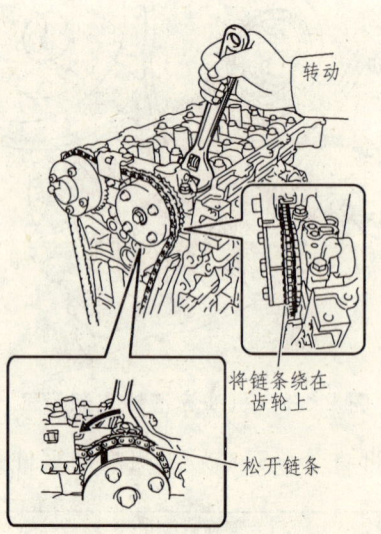

图 2-1-9　链条分总成示意

⑤ 链条分总成拆卸如图 2-1-9 所示。

写出图中链条分总成的拆卸操作方法：

_____

_____

_____

_____

_____

_____

_____

⑥ 凸轮轴正时齿轮总成拆卸如图 2-1-10 所示。
写出凸轮轴正时齿轮总成的拆装方法：

_____

_____

_____

_____

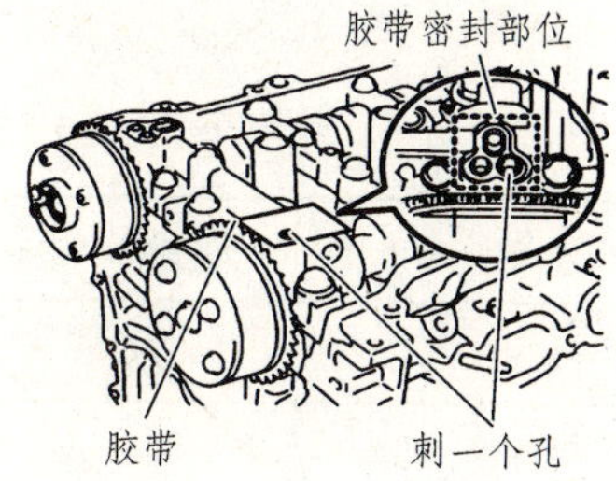

图 2-1-10　凸轮轴正时齿轮总成

5. 配气正时零部件检修

（1）链条张紧器检查如图 2-1-11 所示。
检查方法：

_____

_____

_____

_____

_____

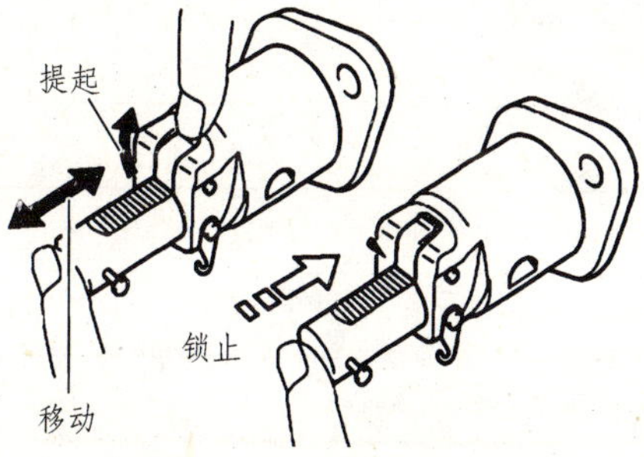

图 2-1-11　链条张紧器检查示意

（2）链条分总成检查。如图 2-1-12 所示，用＿＿＿＿＿＿＿＿＿＿的力拉链条，然后用游标卡尺测量 15 个链节的长度，将结果填入表 2-1-1 中。

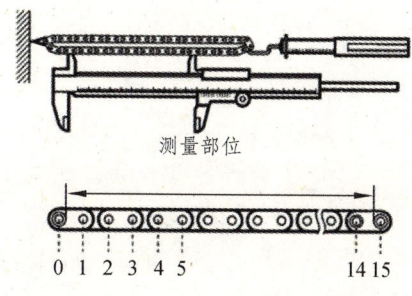

图 2-1-12　链条分总成检查示意

表 2-1-1　最大链条伸长量

标准值：	实测值：

在任意 3 个位置进行测量，使用平均值作为测量值。如果平均伸长量大于标准值，则更换链条。

（3）检查链条振动阻尼器、张紧器板如图 2-1-13 所示。用游标卡尺测量磨损量，将结果填入表 2-1-2 中。

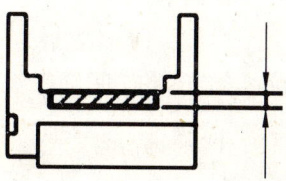

图 2-1-13　链条振动阻尼器、张紧器板检查示意

表 2-1-2　链条振动阻尼器、张紧器板磨损量

元件	最大磨损量/mm	实测磨损量/mm	性能判断
1 号链条振动阻尼器			
2 号链条振动阻尼器			
链条张紧器板			

6. 配气正时机构安装

（1）安装链条分总成如图 2-1-14 所示。链条分总成安装的注意事项有哪些？

_____
_____
_____
_____
_____
_____
_____

（2）安装链条张紧器导板、链条振动阻尼器。
（3）安装正时链条盖分总成。
（4）安装机油滤清器支架。
（5）安装气缸盖罩分总成。
（6）安装其他附件。

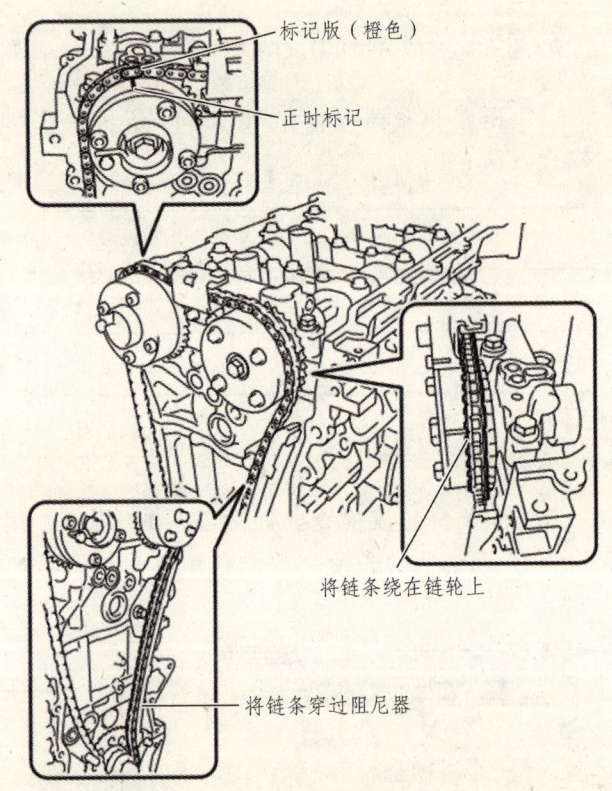

图 2-1-14　链条分总成安装示意

六、评价反馈

组员进行自我评价、相互评价，完成表 2-1-3 的相应内容。

组间评价说明：

（1）操作评价。评价人查看各组设备及故障检修操作正确性；并指定配气正时机构相关的零部件，被评价人在维修手册中找出相应零部件检修所在的页码，并在实车或台架找出对应的零部件，填写于评价表中。

（2）评价要求。组间评价表由评价人给予对应评价等级：单行全对的得"A"，错两个（含）以下得"B"，错两个以上的得"C"。

表 2-1-3 学习评价表

项目	评价内容	评价等级		
		😎	😊	☹️
自我评价	学到的知识点： 学到的技能点： 不理解的有： 还需要深化学习并提升的有：			
组内评价	○按时到场　　　　○工装齐备　　　　○书、本、笔齐全 ○安全操作　　　　○责任心强　　　　○7S管理规范 ○学习积极主动　　○合理使用教学资源　○主动帮助他人 ○接受工作分配　　○有效沟通　　　　○高效完成工作任务			
组间评价	<table><tr><td>元件名称</td><td>所在页码</td><td>紧固力矩</td><td>检测项目</td><td>是否正确操作</td></tr><tr><td>曲轴皮带轮</td><td></td><td></td><td></td><td></td></tr><tr><td>凸轮轴正时齿轮（进）</td><td></td><td></td><td></td><td></td></tr><tr><td>凸轮轴正时齿轮（排）</td><td></td><td></td><td></td><td></td></tr><tr><td>链条张紧器</td><td></td><td></td><td></td><td></td></tr><tr><td>正时链条标记</td><td></td><td></td><td></td><td></td></tr></table>			
小组评语及建议	他（她）做到了： 他（她）的不足： 给他（她）的建议：	组长签名： 年　　月　　日		
教师评语及建议		评价等级： 教师签名： 年　　月　　日		

七、学习材料

（一）配气机构的作用与组成

1. 作 用

配气机构的作用是按照发动机每个气缸内所进行的工作循环和发火次序的要求，定时开启和关闭气缸的进、排气门，使新鲜可燃混合气（汽油机）或空气（柴油机）及时进入气缸，废气及时从气缸排出。

2. 配气机构的组成

图 2-1-15 所示，配气机构主要由气门组件和气门传动组件组成。其中气门组件由气门、气门座圈、气门导管、气门弹簧、气门弹簧座、气门锁片（锁销）等组成；气门传动组件由凸轮轴驱动件（包括正时齿轮、正时链条、正时皮带）、凸轮轴、气门挺杆、推杆、摇臂及摇臂轴总成等组成。如图 2-1-15 所示。

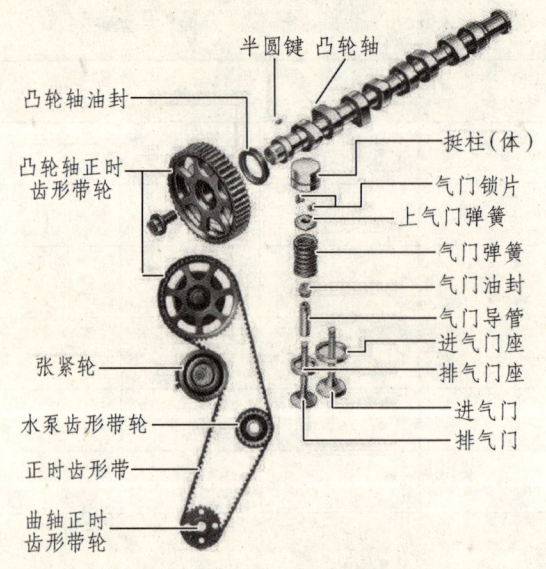

图 2-1-15 配气机构的组成

3. 充气效率

由于可燃混合气或新鲜空气被吸入气缸越多，则发动机可能输出的功率越大，这就要求发动机的充气效率要高。然而影响发动机充气效率的因素很多，如进气系统自身对气流的阻力造成进气终了时气缸内压力下降，上一循环未排净的残余废气及燃烧室、活塞顶、气门等高温零件对进入气缸的新鲜气体加热，使进气终了时气体温度升高，导致实际充入气缸的可燃混合气总是小于在标准大气状态下充满气缸工作容积的新鲜气体的质量，即充气效率总是小于1（一般为 0.8～0.9）。

$$\eta_v = M/M_0$$

式中　M——进气过程中，实际进入气缸的新气的质量；

　　　M_0——在理想状态下，充满气缸工作容积的新气质量。

（二）配气机构的分类

1. 按气门的布置形式分类

（1）顶置气门式。

顶置气门式配气机构进、排气门均布置在气缸盖上，如图 2-1-16 所示。它的作用过程是曲轴通过正时齿轮驱动凸轮轴旋转，凸轮轴上的凸轮使挺杆、推杆进行上下运动，带动摇臂摆动，摇臂的摆动使气门开启和关闭。

顶置气门式的特点是气门行程大，燃烧室结构紧凑，有利于燃烧及散热，同时可提高发动机的压缩比，改善了发动机的动力性。

（2）侧置气门式。

侧置气门式配气机构的进、排气门都布置在气缸的一侧。这种配气机构的特点是结构简单、零件数目少。但由于燃烧室结构不太紧凑，热量损失较大，气道比较曲折，气门升程受到一定的限制，影响充气和排气效率，从而影响发动机的动力性和经济性，目前这种形式的配气机构已经淘汰。

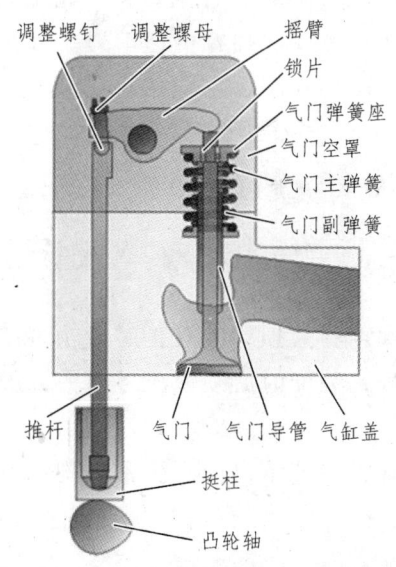

图 2-1-16 顶置气门式配气机

2. 按凸轮轴的布置形式分类

（1）顶置凸轮轴式。

如图 2-1-17（a）顶置凸轮轴式配气机构的凸轮轴安装在气缸盖上，它一般有两种形式，一种是单凸轮轴式；另一种是双凸轮轴式。

（2）中置凸轮轴式。

当发动机转速较高时，为了减小气门传动机构的往复运动质量，可将凸轮轴位置移到气缸体的上部，由凸轮轴经过挺杆直接驱动摇臂，而省去推杆，这种结构称之为中置凸轮轴式，如图 2-1-17（b）所示。但由于这种结构会造成凸轮轴的中心线距曲轴中心线较远，若仍用一对齿轮来传递动力，齿轮的直径就必然要做大，这样不但会影响发动机的外形尺寸，并且会使齿轮的圆周速度过大。为改善这种情况，一般要在两正时齿轮之间加入一个中间齿轮（通常也称之为惰轮）。

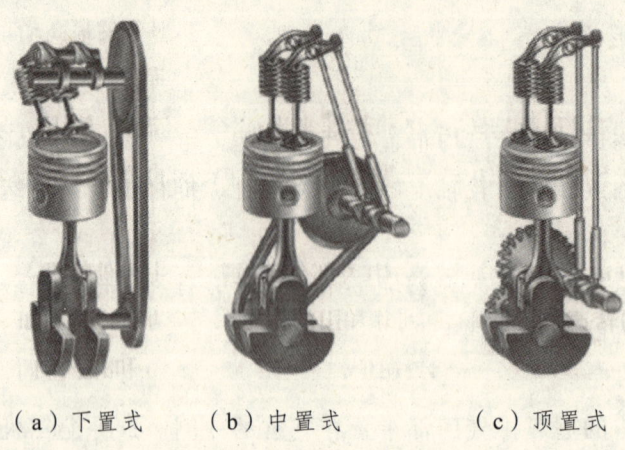

（a）下置式　　　（b）中置式　　　（c）顶置式

图 2-1-17　凸轮轴布置形式

（3）下置凸轮轴式。

如图 2-1-17（c）所示，下置凸轮轴式结构特点是将凸轮轴布置在曲轴箱内。由于气门与凸轮轴相距较远，因此气门是通过挺杆、推杆、摇臂传递动力。因传动环节多、路线较长，在高速运动时，整个系统会产生弹性变形，影响气门运动规律和气门开闭的准确性，所以它不适应高速车用发动机。

3. 按曲轴和凸轮轴的传动方式分类

曲轴和凸轮轴之间的动力传递方式有三种，分别为齿轮式、链条式和正时皮带式。

（1）齿轮传动。

为了使齿轮啮合平顺，减小噪声和磨损，配对正时齿轮多用斜齿并用不同材料制成。为了保证配气正时，齿轮上都有正时记号，装配时必须使记号对齐，如图 2-1-18 所示。

（2）链条传动。

正时齿轮通过链条驱动凸轮轴，在链条侧面有张紧机构和链条导板，利用张紧机构可以调整链条的张力，如图 2-1-19 所示。

（3）正时皮带传动。

正时皮带传动采用橡胶齿形皮带代替链条传动，它的优点是噪声更小、质量更小、包角更大、啮合量更大、工作更可靠，且不需要润滑，松紧度便于调整，如图 2-1-20 所示。

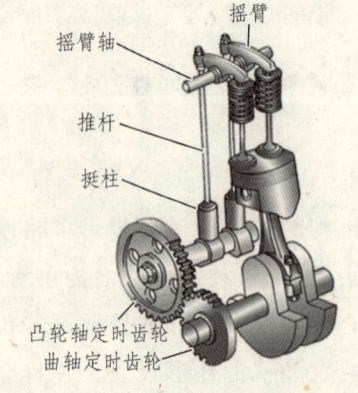

图 2-1-18　齿轮传动　　　图 2-1-19　链条传动

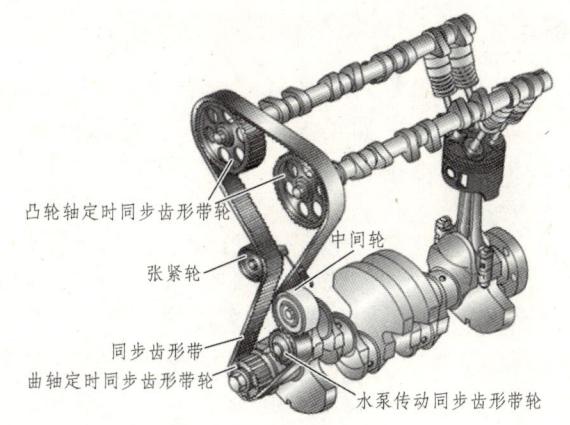

图 2-1-20　正时皮带传动

4. 按每缸气门数分类

为了改善换气过程，需尽可能地增大气门直径，但受到燃烧室尺寸的限制，气门直径不能过大。当气缸直径较大、活塞平均速度较高时，传统的每缸一进一排的气门结构已无法保证良好的换气质量，在很多新型汽车发动机上采用多气门结构，分为二气门、三气门、四气门和五气门，如图 2-1-21 所示。

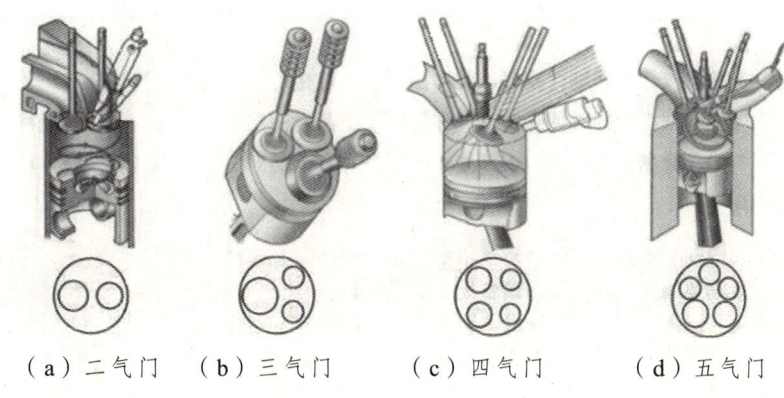

（a）二气门　　（b）三气门　　（c）四气门　　（d）五气门

图 2-1-21　不同气门数示意

5. 按凸轮轴数量分类

传统二气门结构均采用单个凸轮轴，随着气门数目的增加，凸轮轴数目也增加为两根。根据凸轮轴数目配气机构可分为单凸轮轴式配气机构（SOHC，见图 2-1-22）和双凸轮轴式配气机构（DOHC，图 2-1-23）。

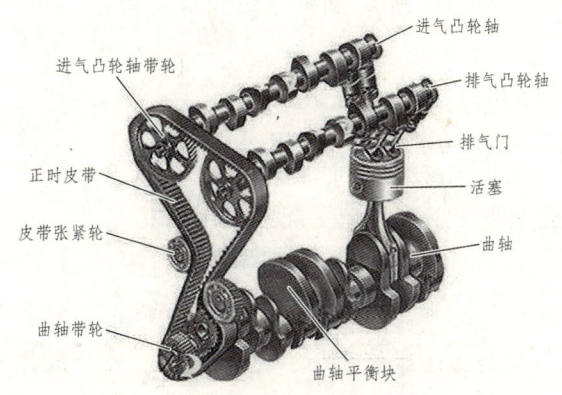

图 2-1-22　单凸轮轴式配气机构　　图 2-1-23　双凸轮轴式配气机构

6. 按气门驱动方式分类

按气门驱动方式配气机构可分为摇臂式、摆臂式、直接驱动等，如图 2-1-24 所示。

摇臂式配气机构一般为中间支点式，如果支点在末端，被称为末端支点摇臂。直接驱动式配气机构没有摇臂，凸轮轴直接由挺柱推动气门。

（a）中间支点摇臂式顶置凸轮轴 （b）末端支点摇臂式顶置凸轮轴 （c）直接驱动式顶置凸轮轴

图 2-1-24　气门驱动方式

学习活动二　发动机气门组检修

一、学习目标

（1）能够根据操作要点，规范填写维修工单，合理分配人员，并具体实施。
（2）能够根据维修手册及相关学习资源进行故障现象确认。
（3）能够根据利用维修资料制订、相互展示并评价气门组检修方案。
（4）能够根据维修资料及相关资源实施维修方案，拆卸气门室盖及其附件。
（5）能够认识进排气门组零部件，并指出实际安装位置。
（6）能够根据维修资料检测不同形式的气门间隙。
（7）能够根据维修手册进行气门组检修，参照企业要求对车辆进行完工检验。
（8）能够在团队作用下，独立或集体完成学习任务。
（9）能够执行活动过程的 7S 管理要求。
（10）能够按职业能力评价要求进行展示评价。

二、学习准备

设备：卡罗拉发动机实训台架或整车、气门拆装钳等。
常用工量具：工具车 1 套，配备常用梅花扳手、套筒扳手、螺丝刀、外径千分尺、游标卡尺、塞尺等。
油料、材料：机油、化油器清洗器剂、汽油、碎布等。
资料：网络资源、维修手册、维修工单、安全操作规程。
分组：每组 5～6 人，小组讨论后，由组长按岗位分配人员。

三、学习内容

发动机气门组检修学习活动如图 2-2-1 所示。

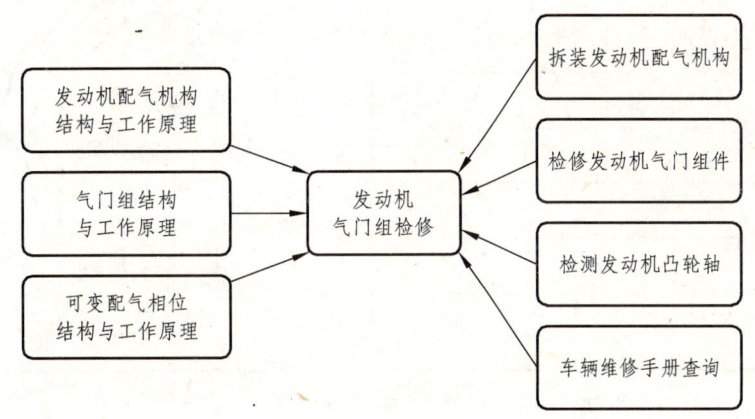

图 2-2-1 学习活动

四、引导问题

（1）发动机配气机构由_____、_____组成。气门组包括_____、_____、_____、_____等零件。

（2）气门驱动机构一般包括_____、_____、_____、_____、_____等。

（3）气门驱动形式一般有_____、_____和_____等方式。

（4）气门间隙过小会造成发动机_____；气门间隙过大会造成发动机_____。

（5）凸轮轴上配有不同轮廓的_____和_____凸轮，使气门按照发动机的_____和_____开启与关闭，保证气门有足够的升程。

（6）挺柱将凸轮推力传给推杆或气门，可分为_____和_____。

（7）配气相位：_____。

（8）气门重叠角：_____。

（9）发动机气缸盖上燃烧室的结构形状一般有_____、_____、_____、_____等几种形状。

（10）发动机气缸垫用于保证_____与_____之间结合面的密封性，防止气缸盖_____。气缸垫的制造材料一般有_____、_____、_____等多种类型。

五、学习过程

1. 填写维修工单

（1）根据学习活动拆分活动环节或步骤，制订相关维修作业计划。

（2）小组讨论分工填写维修工单——附件。

2. 操作安全事项

查阅维修手册及相关资源，参考操作规范图（见图 2-2-2），列举发动机气门组检修注意事项：

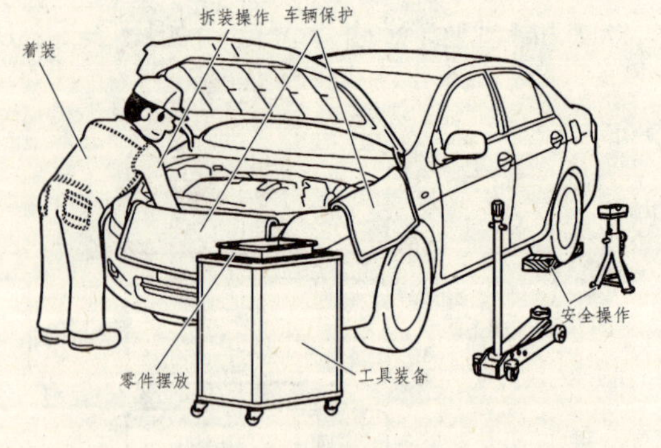

_____
_____
_____
_____
_____

图 2-2-2 操作规范

3. 发动机气缸盖零部件认知

查阅卡罗拉维修手册"1ZR-FE/2ZR-FE 发动机机械部分"，认知发动机零部件，检索发动机气缸盖相关零部件位置分布的相关信息。

（1）指出发动机气缸盖零件所在位置的检索路径：_____
_____。

（2）参照图 2-2-3，将指定部位名称填写在方框中。

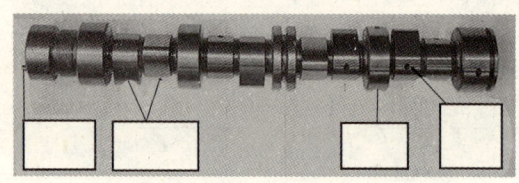

图 2-2-3 零部件图

图中所示零部件名称：

_____。

作用：_____

_____。

（3）查阅维修手册，参照气缸盖内部结构图，在图 2-2-4 中方框处写出对应零部件名称，并在圆圈内写出其固定螺栓的拧紧力矩及螺栓数量。

（4）查阅维修手册，参照气门组结构图，在图 2-2-5 中方框处写出对应零部件名称，并在圆圈内写出其固定螺栓的拧紧力矩及螺栓数量。

图中不可重复使用的零部件有：_____、_____、_____、

_____、_____。

4. 发动机配气机构气门组拆装

（1）查阅卡罗拉维修手册"1ZR-FE/2ZR-FE 发动机机械部分"，制订气门组拆装步骤，写出维修过程中的安全注意事项及不可重复使用零件，并进行展示。

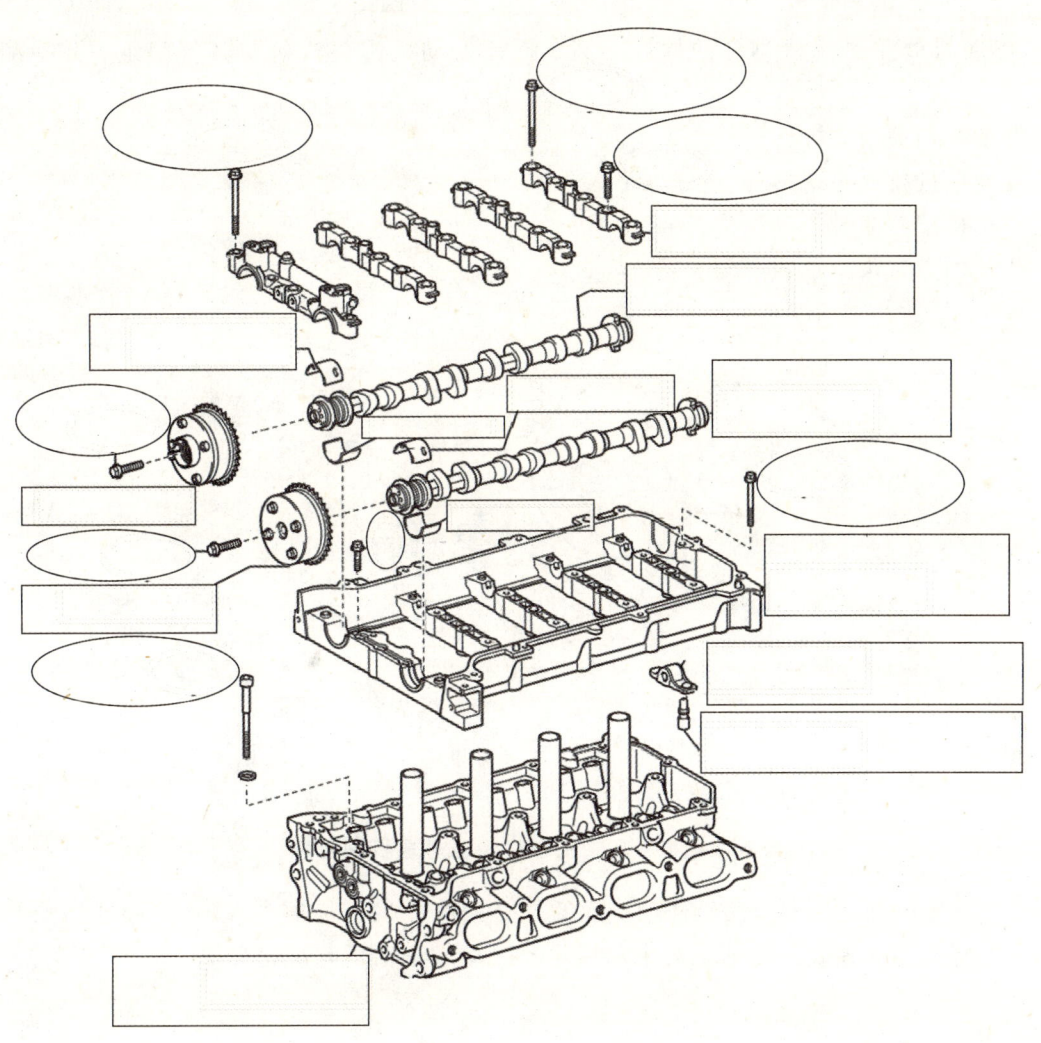

图 2-2-4 气缸盖内部结构

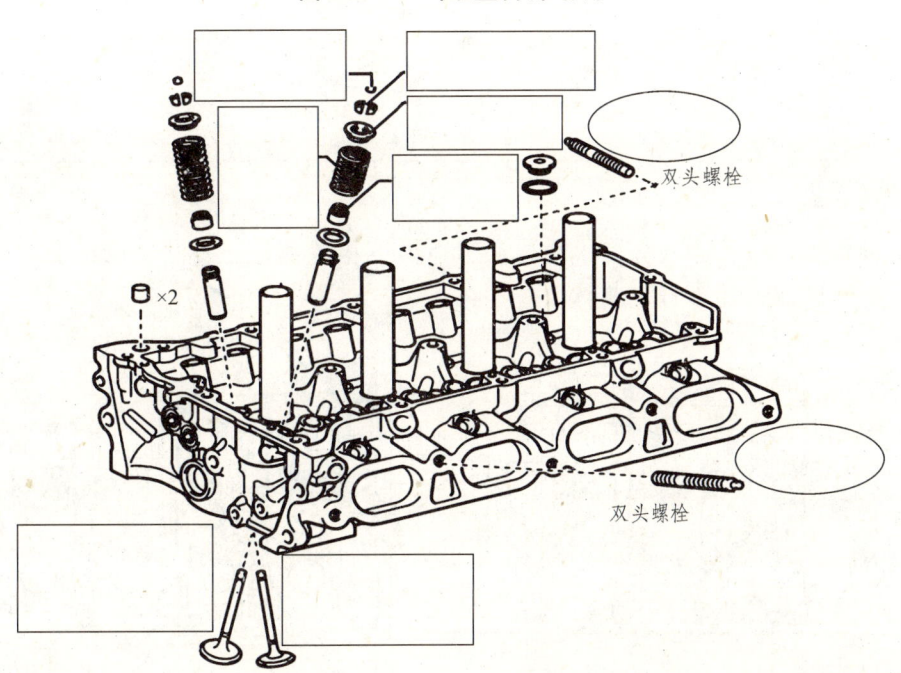

图 2-2-5 气门组结构

（2）参照维修手册及所制订的检修方案，拆卸发动机配气机构及其气门组，并检测相关零部件。

① 发动机相关附件拆卸。

② 发动机进排气系统拆卸。

③ 发动机配气正时传动机构拆卸。

④ 凸轮轴正时齿轮总成拆卸见图 2-2-6。

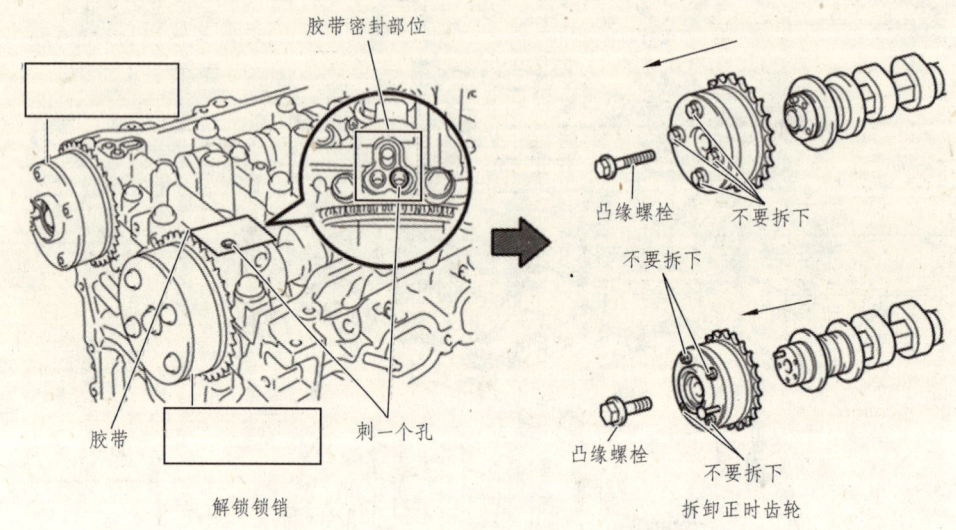

图 2-2-6　凸轮轴正时齿轮总成拆卸示意

a. 结合实物区分进排气凸轮轴正时齿轮总成，请将正确名称填写入图 2-2-6 中方框内。

b. 利用压缩空气释放凸轮轴正时齿轮锁销，拆卸凸轮轴正时齿轮总成，请写出相关安全注意事项。

_____

_____

_____

⑤ 凸轮轴轴承盖拆卸。

凸轮轴轴承盖拆卸时，必须分两次均匀用力地拆下相关螺栓。查阅维修手册在图 2-2-7 中圆圈处写出螺栓拆卸顺序，并进行规范拆卸。

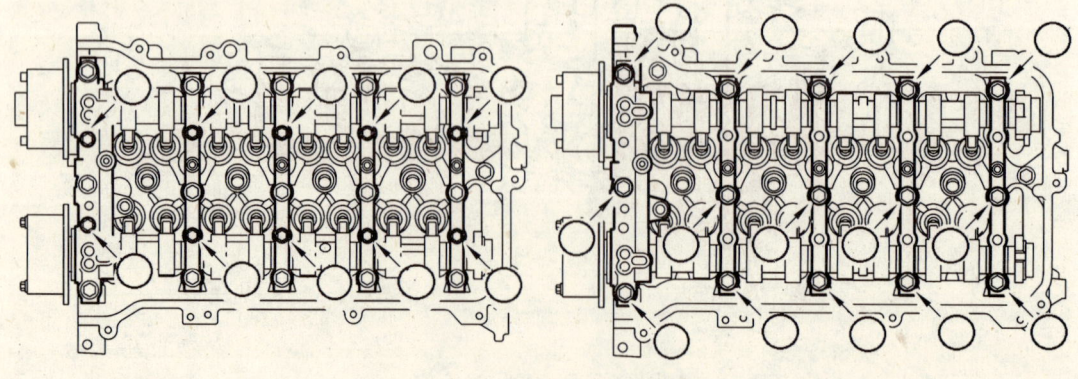

图 2-2-7　螺栓拆卸示意

拆卸完成后凸轮轴轴承盖应如何摆放？为什么？

_____

_____

⑥ 凸轮轴、气门摇臂分总成拆卸如图 2-2-8 所示。

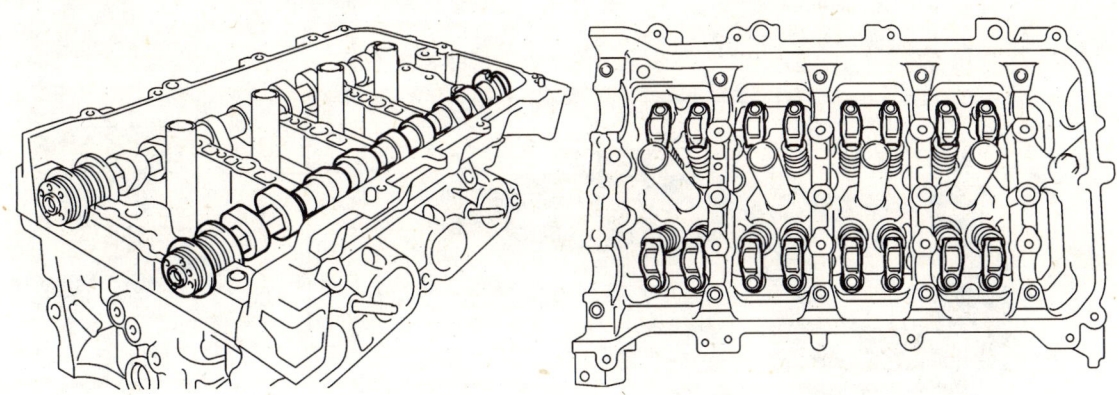

图 2-2-8　气缸盖内部

取下凸轮轴、气门摇臂分总成后应按序摆放，不可随意调换位置，为什么？

_____

_____

⑦ 凸轮轴轴承 1、2 号及凸轮轴壳分总成拆卸。

⑧ 气缸盖分总成拆卸。

查阅维修手册在图 2-2-9 圆圈中写出螺栓拆卸顺序，并进行规范拆卸。

a. 拆卸气缸盖分总成固定螺栓选择_____mm_____，分多步均匀松开拆下螺栓及平垫圈。

b. 按顺序、分步均匀拆卸的目的：_____。

c. 使用头部缠有胶带的螺丝刀，撬动气缸盖和气缸体之间的部位，拆下气缸时应注意_____。

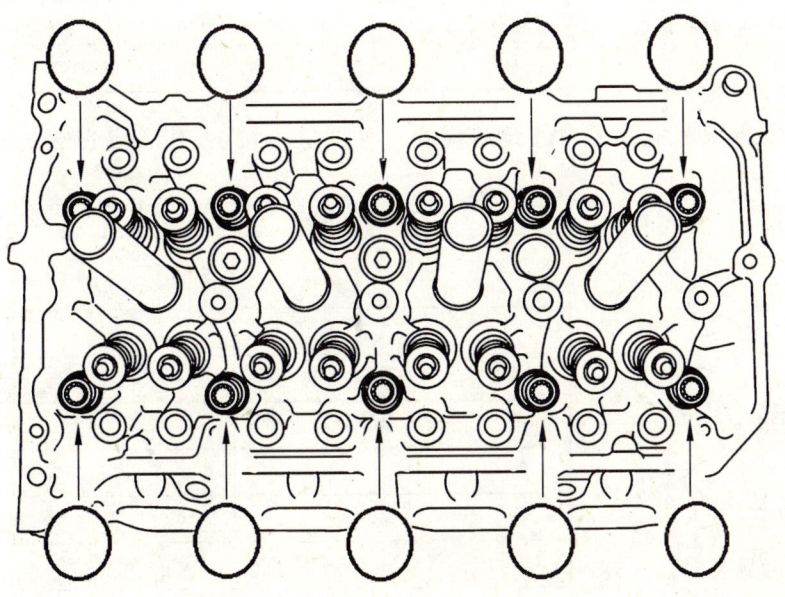

图 2-2-9　螺栓拆卸示意

5. 气缸盖零部件清洗与检修

(1) 凸轮轴磨损检测。

使用外径千分尺、百分表检测凸轮轴磨损及径向跳动。

① 外径千分尺的外形结构如图 2-2-10 所示。

使用方法：螺旋测微计测量前先检查"0"点。轻轻转动棘轮，推动螺杆前进，当听到"咯、咯"声时就停止转动。若此时读数不为零，就有零差出现，需进行校正。

读数：固定套管读数+微分筒读数。图 2-2-10 中所示读数为_____mm。

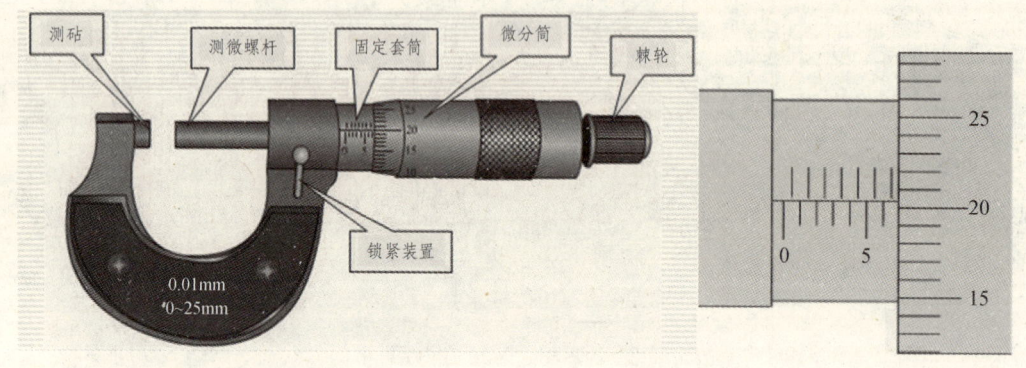

图 2-2-10　外径千分尺结构

② 进行凸轮磨损检测（见图 2-2-11），并完成表 2-2-1。

表 2-2-1　凸轮磨损检测　　　　　单位：mm

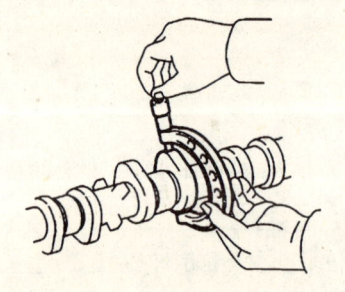

项目	第一缸		第二缸		第三缸		第四缸	
	1	2	3	4	5	6	7	8
进气凸轮								
标准值								
性能判定								
排气凸轮								
标准值								
性能判定								

图 2-2-11　凸轮磨损检测示意

③ 进行凸轮轴轴颈磨损及径向圆跳动检测（见图 2-2-12），并完成表 2-2-2。

表 2-2-2　凸轮轴轴颈磨损及径向圆跳动检测　单位：mm

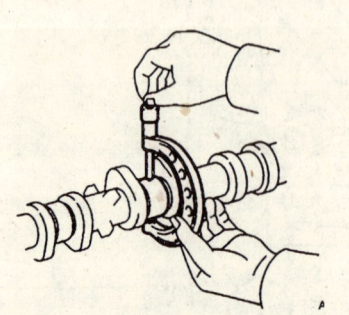

项目	进气凸轮轴	排气凸轮轴	标准值	性能判定
第一道				
第二道				
第三道				
第四道				
第五道				
1号凸轮轴径向圆跳动				
2号凸轮轴径向圆跳动				

图 2-2-12　凸轮轴轴颈磨损示意

④ 进行油膜间隙及轴向间隙检测（见图 2-2-13），并完成表 2-2-3。

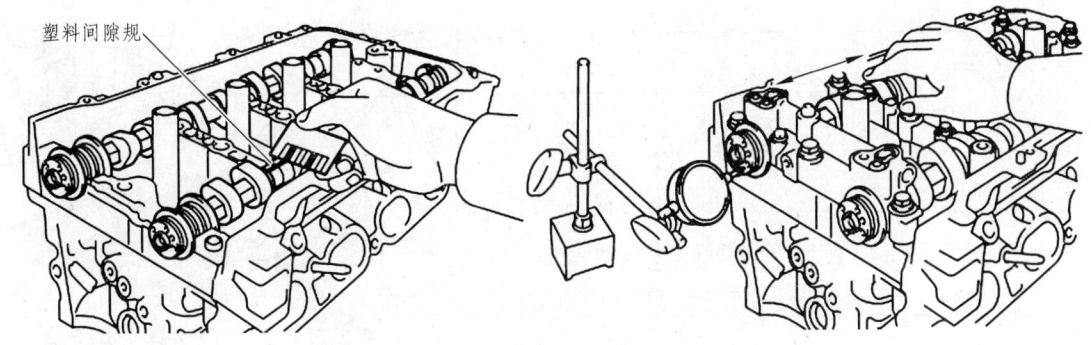

图 2-2-13　油膜间隙及轴向间隙检测示意

表 2-2-3　轴向间隙及油膜间隙检测　　　　　　　　　　　单位：mm

项目	进气凸轮轴	排气凸轮轴	标准值	性能判定
第一道				
第二道				
第三道				
第四道				
第五道				
1 号凸轮轴轴向间隙				
2 号凸轮轴轴向间隙				

（2）压缩弹簧检测。

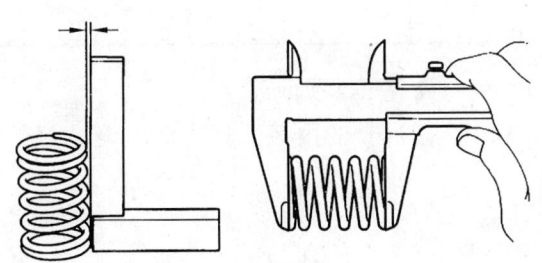

如图 2-2-14 所示，该检测显示是在对弹簧进行＿＿＿＿和＿＿＿＿检测。

偏移量标准值：＿＿＿＿；

自由长度标准值：＿＿＿＿；

检测结果：＿＿＿＿。

图 2-2-14　压缩弹簧检测示意

（3）进排气门检测。

利用专用工具，分解气门组件（见图 2-2-15），使用游标卡、外径千分尺检测气门相关数据，判断气门使用性能。

气门组分解有哪些注意事项？

_____

_____

_____

针对不对变螺距气门弹簧安装时应注意什么？

_____

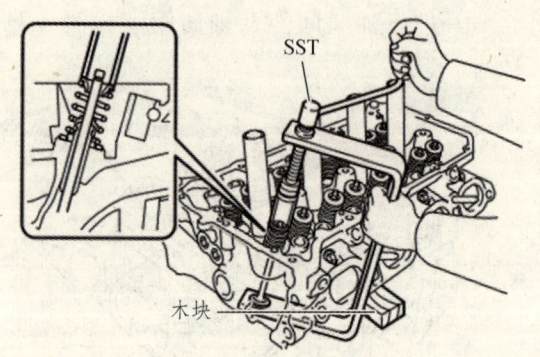

图 2-2-15 气门组件分解示意

① 进行进排气门长度检测（见图 2-2-16），并完成表 2-2-4。

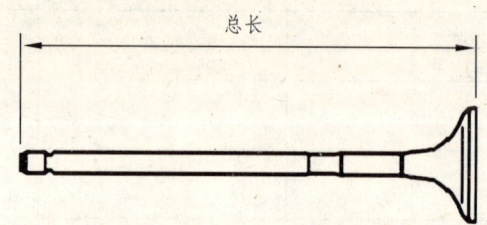

图 2-2-16 气门长度示意

表 2-2-4 气门长度检测

项 目	标准值	1	2	3	4	5	6	7	8
进气门									
排气门									
结果（正常/不正常）									

② 进行气门导管衬套油膜间隙检测（见 2-2-17），并完成表 2-2-5。

用外径千分尺测量气门杆直径，再用测径规测量气门导管衬套的内径。用导管衬套内径测量值减去气门杆直径测量值即为标准油膜间隙。

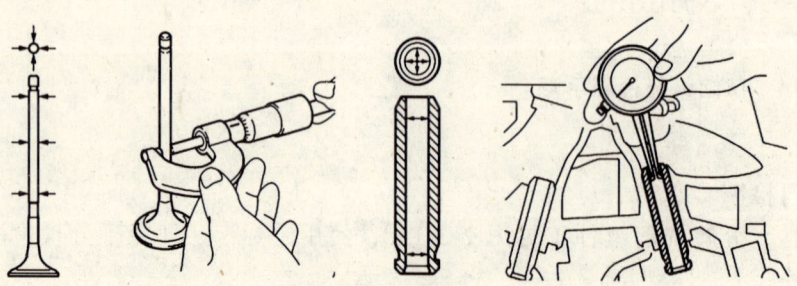

图 2-2-17 气门导管衬套油膜间隙检测示意

表 2-2-5　气门导管衬套油膜间隙检测　　　　　　　　　　　　　单位：mm

项　目	标准值	1	2	3	4	5	6	7	8
进气门直径									
排气门直径									
进气门衬套内径									
排气门衬套内径									
油膜间隙									
结果（正常/不正常）									

（4）气缸盖检测。

使用精密直尺和测隙规，测量气缸体和歧管接触面的翘曲度（见图 2-2-18）并完成表 2-2-6。如果翘曲度大于最大值，则更换气缸盖。

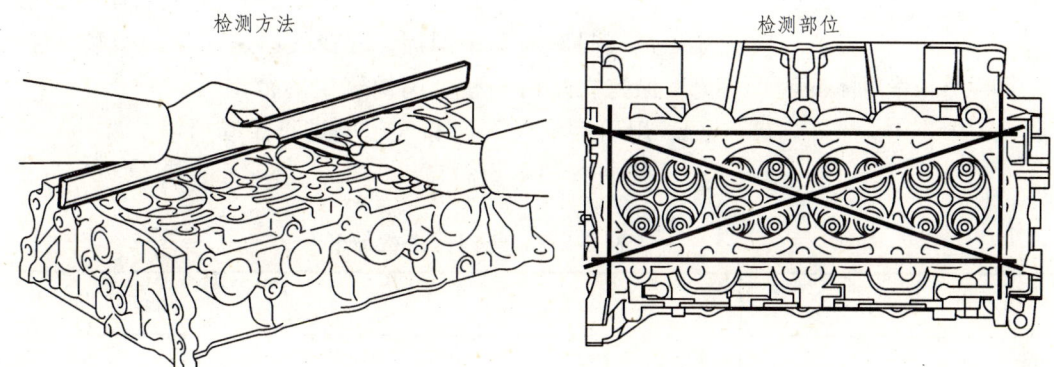

图 2-2-18　气缸盖检测示意

表 2-2-6　气缸盖检测　　　　　　　　　　　　　单位：mm

位　置	气缸盖下部	排气歧管侧	进气歧管侧	检测结果
纵向 1		—	—	
纵向 2		—	—	
横向 1		—	—	
横向 2		—	—	
对角线 1				
对角线 2				
标准值				

（5）气门座检修。

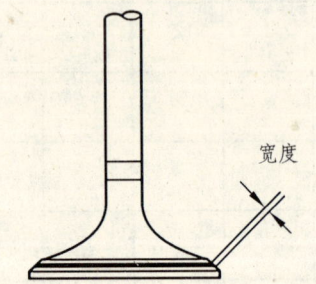

图 2-2-19 气门座宽度示意

① 按如图 2-2-19 所示的方式检查气门座，写出气门座检测方法：

_____
_____
_____
_____

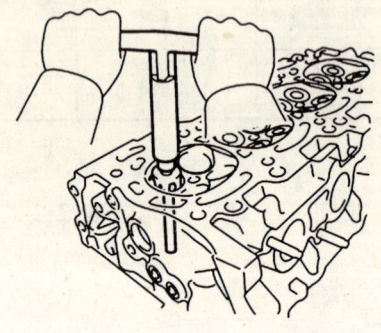

图 2-2-20 气门座维修示意

② 维修气门座，并完成表 2-2-7。

图 2-2-20 所示该操作项目名称为_____，所用专用工具名称为_____。

操作步骤：

a. 用_____°铰刀修整气门座表面，使气门座宽度大于规定值。

b. 用_____°和_____°铰刀修整气门座，使气门可以接触到气门座的整个圆周。应在气门座的中心接触，且气门座宽度保持在气门座整个圆周规定的范围内。

c. 用研磨剂对气门和气门座进行手动研磨。

d. 检查气门落座位置。

表 2-2-7 气门宽度检修表　　单位：mm

项　目	标准值	检修结果
进气门		
排气门		

（6）气门摇臂分总成、气门间隙调节器总成检查。

如图 2-2-21 所示，气门摇臂检查标准为_____
_____
_____。

气门间隙调节器标准为_____
_____
_____
_____
_____。

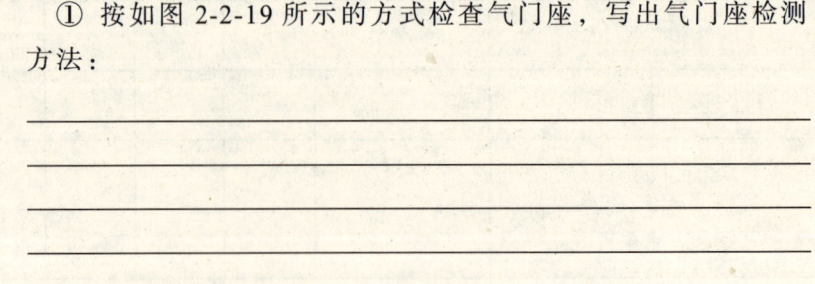

图 2-2-21 气门摇臂、间隙调节器检查示意

6. 发动机配气机构气门组拆装

（1）气门组安装与更换。

如图 2-2-22 所示的操作项目为_____。
操作时有哪些技术要求和注意事项？

_____
_____
_____
_____

图 2-2-22　拆装示意（一）

如图 2-2-23 所示的操作项目为_____。
进、排气侧油封如何区分？

_____
_____
_____
_____

油封安装注意事项有哪些？

_____
_____
_____

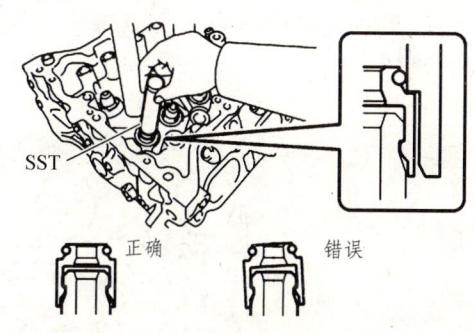

图 2-2-23　拆装示意（二）

如图 2-2-24 所示气门组安装完成后，用塑料锤轻敲气门杆顶部的目的是_____。
安装过程中有哪些注意事项？

_____
_____
_____
_____
_____

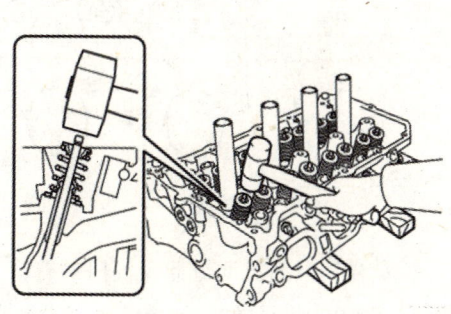

图 2-2-24　安装示意

（2）安装气缸盖衬垫及气缸盖。

如图 2-2-25 所示的零部件为_____，该零件为_____（可重复/不可重复）使用。

安装该零件有哪些注意事项？

_____

_____

安装不正确会导致出现哪些故障？

_____

_____

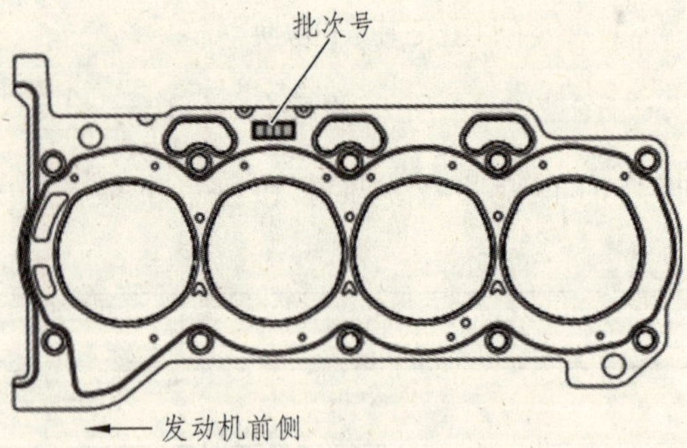

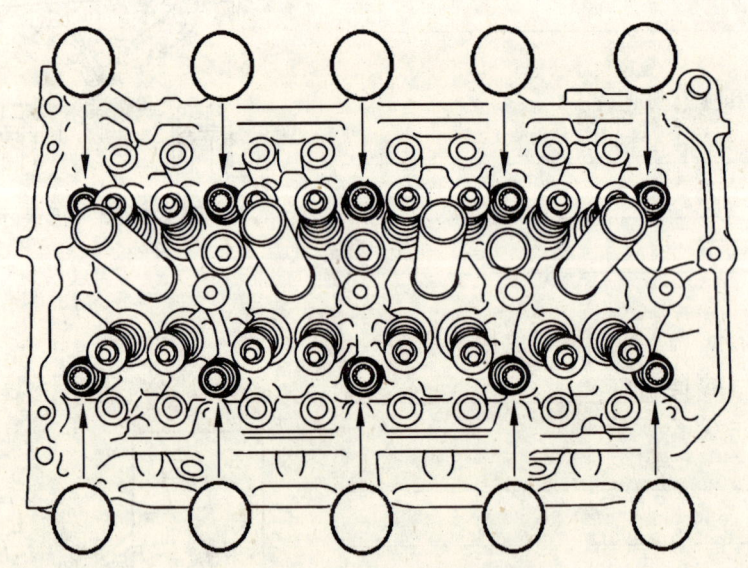

图 2-2-25 零部件示意

查阅维修手册在图 2-2-26 圆圈中写出螺栓安装顺序，并进行规范安装。安装气缸盖分总成固定螺栓选择_____mm_____，分_____步紧固气缸盖螺栓。

按顺序、分步均匀拆卸的目的是_____。

气缸盖固定螺栓的紧固力矩为_____，用油漆在气缸盖螺栓前端做标记。将气缸盖螺栓再次紧固_____，然后再紧固_____。检查并确认油漆标记现在与前端成_____。

图 2-2-26 螺栓安装示意

（3）安装气门间隙调节器及气门摇臂。

如图 2-2-27 所示，气门间隙调节器及气门摇臂安装时有哪些注意事项？

_____

_____

_____

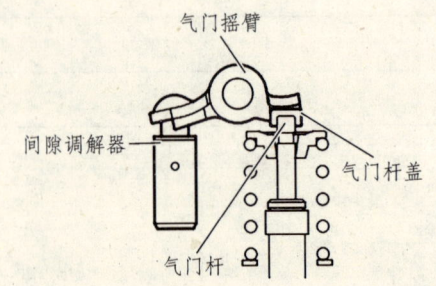

图 2-2-27 气门间隙调节器及气门摇臂示意

（4）安装凸轮轴轴承盖及凸轮轴。

安装凸轮轴轴承盖及凸轮轴时有哪些注意事项？

_____

_____

请在下面方框中简易地画出凸轮轴轴承盖螺栓安装顺序及力矩。

```
┌─────────────────────────────────────────────┐
│                                             │
│                                             │
│                                             │
│                                             │
│                                             │
│                                             │
│                                             │
└─────────────────────────────────────────────┘
```

（5）安装凸轮轴壳分总成。

如图 2-2-28 所示，安装凸轮轴壳分总成时，应在气缸盖与凸轮轴壳分总成之间的接触面上涂抹密封胶，保证其接触面密封严实，确保接触面不渗漏机油，请查找维修手册将其密封胶直径写在图中横线上。

请写出密封胶涂抹的相关注意事项：

_____

_____

_____

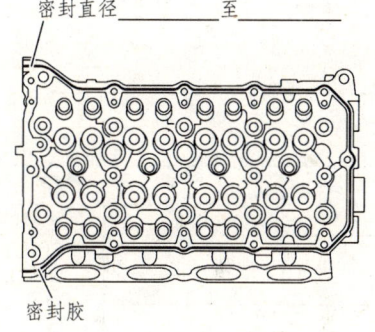

图 2-2-28　凸轮轴壳密封胶示意

如图 2-2-29 所示，严格按照维修手册中螺栓安装顺序对发动机气缸盖与凸轮轴壳进行安装。

其固定螺栓扭矩为＿＿＿＿＿＿＿＿＿＿。

写出凸轮轴壳安装注意事项：

_____

_____

_____

_____

_____

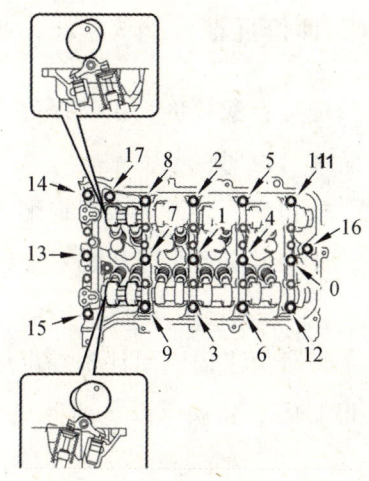

图 2-2-29　凸轮轴壳螺栓安装顺序示意

（6）安装进排气凸轮轴正时齿轮总成。

① 检查并确认锁销已安装在凸轮轴上。

② 使直销和键槽不对准，将凸轮轴正时齿轮和凸轮轴放置在一起。

③ 将凸轮轴正时齿轮轻轻推向凸轮轴的同时，按图2-2-30（a）所示方向旋转凸轮轴正时齿轮。将齿轮销进一步推入键槽中。

④ 测量齿轮和凸轮轴间的间隙[见图2-2-30（b）]并完成表2-2-8。

凸轮轴正时齿轮固定螺栓力矩为_____N·m。

（7）安装链条张紧器导板、链条振动阻尼器。

（8）安装正时链条盖分总成。

（9）安装机油滤清器支架。

（10）安装气缸盖罩分总成。

（11）安装其他附件。

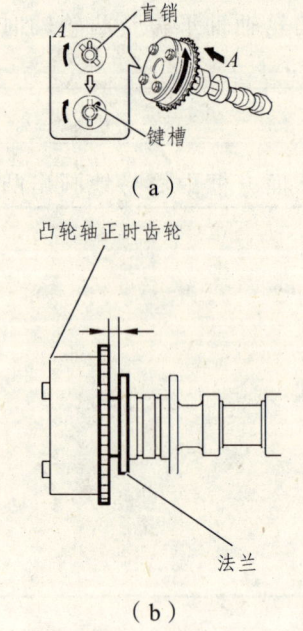

图2-2-30 齿轮和凸轮轴间隙检测示意图

表2-2-8 间隙检测　　　　　　　　　　　单位：mm

项目	数值	检测结果（正常/不正常）
标准值		
进气凸轮轴		
排气凸轮轴		

六、评价反馈

组员进行自我评价、相互评价，完成学习评价表2-2-9的相应内容。

组间评价说明：

（1）操作评价。评价人指定配气机构相关的零件，被评价人在维修手册中找出相应零件所在的页码，并在实车或台架找出对应的零件；根据相关要求进行零部件检测并将检测结果填写于评价表中。

（2）评价要求。组间评价表由评价人给予对应评价等级：单行全对的得"A"，错两个（含）以下的得"B"，错两个以上的得"C"。

表 2-2-9　学习评价表

项　目	评价内容	评价等级		
		😎	😊	☹
自我评价	学到的知识点：			
	学到的技能点：			
	不理解的有：			
	还需要深化学习并提升的有：			
组内评价	○按时到场　　　　○工装齐备　　　　○书、本、笔齐全			
	○安全操作　　　　○责任心强　　　　○7S管理规范			
	○学习积极主动　　○合理使用教学资源　○主动帮助他人			
	○接受工作分配　　○有效沟通　　　　○高效完成工作任务			
组间评价	零件名称	检查页码	安装页码	在实车的位置			
	摇臂						
	气门间隙调节器						
	气门						
	凸轮轴检测	第　道	第　道	第　道	第　道		
	进气凸轮						
	排气凸轮						
	凸轮轴颈						
	（　）凸轮轴径向跳动		检测结果（正常/不正常）				
小组评语及建议	他（她）做到了： 他（她）的不足： 给他（她）的建议：	组长签名： 　年　月　日		
教师评语及建议		评价等级： 教师签名： 　年　月　日		

七、学习材料

（一）气门组

气门组包括气门、气门导管、气门弹簧、气门弹簧座、气门油封及气门锁片等，如图 2-2-31 所示。有的气门组件还配置气门旋转机构来减轻气门头部的热变形，同时清除气门密封锥面上的沉积物。

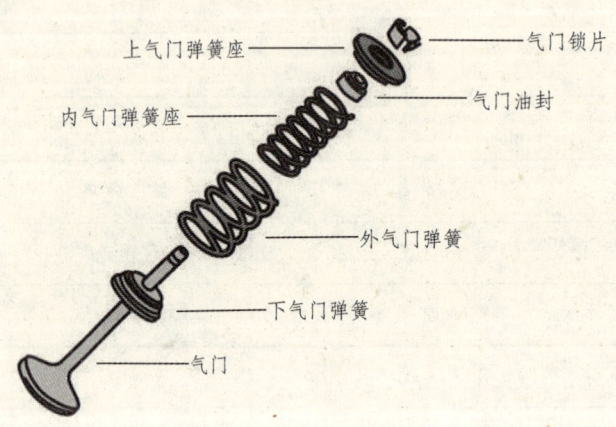

图 2-2-31 气门组

1. 气门工作条件及要求

气门组件应保证气门能够实现气缸的密封，因此要求：气门头部与气门座贴合紧密；气门导管对于气门杆的导向要良好；气门弹簧两个端面与气门杆中心线要互相垂直，以保证气门头部与气门座不偏离；气门弹簧应能及时关闭气门，并保证气门紧压在气门座上。

2. 气门的结构

汽车发动机的进、排气门均为菌形气门，由头部、杆身和尾部组成（见图 2-2-32）。气门顶面形状有平顶、球面顶和喇叭形顶等（见图 2-2-33）。目前应用最多的是平顶气门，其结构简单，制造方便，受热面积小，进、排气门都可采用。为提高发动机的充气效率，一般两气门发动机的进气门头部直径比排气门大。

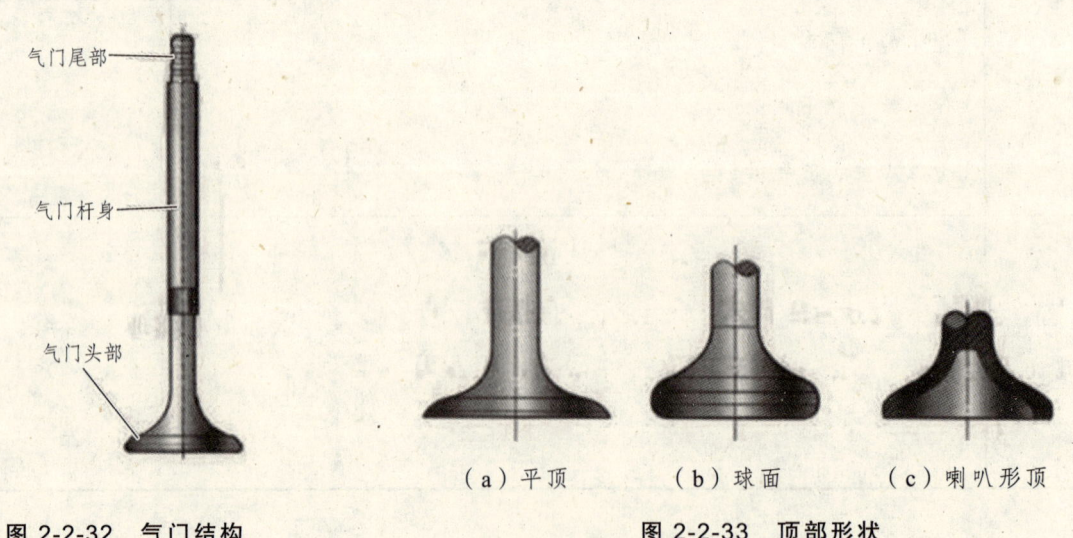

图 2-2-32 气门结构　　图 2-2-33 顶部形状

气门头部吸收的热量一部分经气门座圈传给气缸盖，另一部分则通过气门杆和气门导管传给气缸盖，最终都被气缸盖水套中的冷却液带走。气门锥面与气门顶面之间的夹角称为气门锥角。进、排气门的气门锥角一般为30°或45°（见图2-2-34）。为了增强传热，气门与气门座圈的密封锥面必须严密贴合。因此，二者要配对研磨，研磨之后不能互换。

气门杆身与头部制成一体，装在气门导管内起导向和散热作用，杆身与头部采用圆滑过渡连接，与气门导管保持较小的配合间隙。一些强化发动机为降低气门的质量和惯性力，常采用中空的气门杆。为了降低排气门的温度，增强排气门的散热能力，中空的气门内还填入少量钠以加强冷却（见图2-2-35）。

气门尾部制有凹槽（锥形槽或环形槽），用来安装气门锁夹固定气门弹簧座（见图2-2-36）。

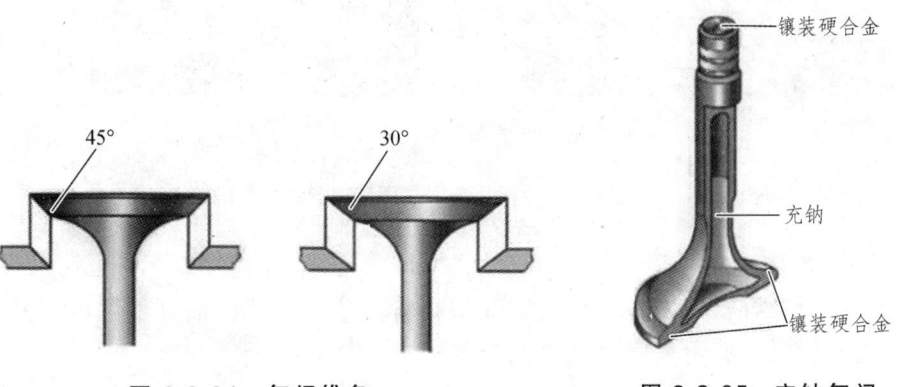

图2-2-34　气门锥角　　　　　　图2-2-35　充钠气门

3. 气门导管和气门座（圈）的结构（见图2-2-37）

气门导管有一定的长度，它能保证气门做直线往复运动，使气门与气门座（圈）能正确贴合。气门导管的工作温度较高，约为800℃，气门导管还可以将气门头部传给杆身的热量传给气缸盖。气缸盖上与气门锥面相贴合起密封作用的部位被称为气门座。该部位的温度高，受冲击载荷大且频率高，容易磨损。有些铸铁发动机直接在气缸盖上加工出气门座，大部分发动机采用镶嵌式结构气门座圈，材料为合金铸铁、粉末冶金或奥氏体钢等。

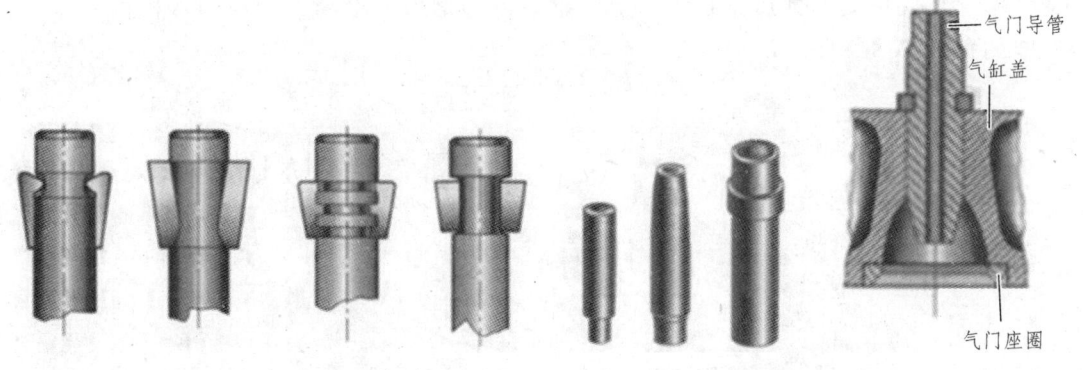

图2-2-36　气门尾部及锁片　　　　　图2-2-37　气门导管及座圈

4. 气门弹簧和气门弹簧座的结构

气门弹簧一端支承在气缸盖上，另一端压靠在气门尾端的弹簧座上，弹簧座用锁片固定在气门尾端，如图2-2-38所示。气门弹簧在气门开闭过程中，使气门及其传动件与凸轮保持接触，并按凸轮型面的规律运动。

气门弹簧应具有足够的刚度和预紧力，但刚度也不能太大，否则会增加气门打开时的负荷。气门弹簧承受交变载荷，应具有足够的疲劳强度。气门弹簧常采用圆柱形螺旋弹簧，为了防止弹簧发生共振，采用变螺距弹簧、锥形弹簧或增加振动阻尼。一些高速发动机采用同心安装的内、外两根气门弹簧，可以提高气门弹簧的工作可靠性，防止共振，当一根弹簧折断时，另一根还可继续工作，且降低了弹簧的高度。为防止两根弹簧干涉，大小弹簧应做成不同旋向，如图 2-2-39 所示。

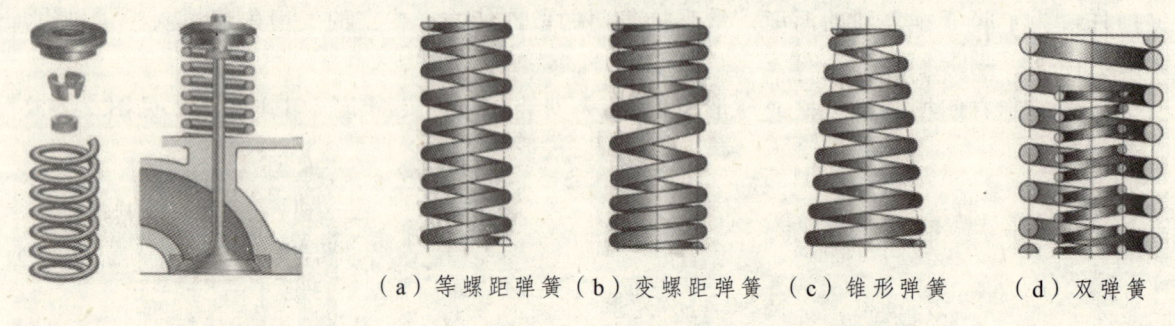

（a）等螺距弹簧　（b）变螺距弹簧　（c）锥形弹簧　　（d）双弹簧

图 2-2-38　气门弹簧座　　　　　　　　图 2-2-39　气门弹簧

5. 气门油封

气门油封是一个橡胶密封圈，既能密封气门导管，防止机油泄漏到气缸内，又能够让极少量的机油流过橡胶密封圈，润滑气门杆和气门导管。

6. 气门旋转机构的结构和工作原理

为了使气门头部温度均匀，防止局部过热引起的变形并清除气门座积炭，可设法使气门在工作中相对气门座缓慢旋转。气门缓慢旋转时，在密封锥面产生轻微的摩擦力，有防止沉积物形成和自洁的作用。

在气门旋转机构壳体上有 8 个变深度的凹槽，凹槽内部装有钢球和复位弹簧。碟形弹簧安装在旋转机构壳体与气门弹簧座圈之间，如图 2-2-40 所示。气门关闭时，碟形弹簧没有压紧在钢球上。钢球在复位弹簧的作用下位于凹槽的最浅处。气门开启时，气门杆尾端受到的压力被传递到碟形弹簧，使碟形弹簧变形并压紧在钢球上，钢球沿凹槽斜面滚动，带动旋转机构壳体和气门一起旋转一定的角度。

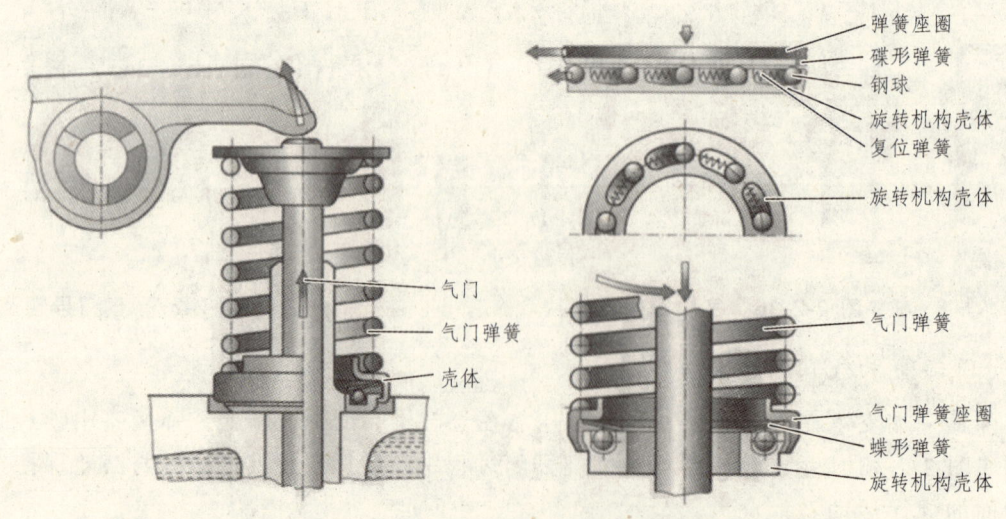

图 2-2-40　气门旋转机构及工作原理

(二)气门间隙

发动机工作时,气门将因温度的升高而膨胀。如果气门及其传动件之间在冷态时无间隙或间隙过小,则在热态下,气门及其传动件的受热膨胀将会导致气门关闭不严,使发动机在压缩和做功行程中漏气,从而造成发动机输出功率下降,严重时甚至不能启动。如果气门间隙过大,则使传动部件之间以及气门和气门座之间产生撞击,而且会加速磨损,同时也会使得气门开启的持续时间减少,使气缸的充气及排气情况变坏。

为了消除这种现象,通常发动机冷态装配时,在气门与其传动机构间留有一定的间隙(即气门间隙),以补偿气门受热后的膨胀量。气门间隙一般是指凸轮与挺柱之间的间隙,如图 2-2-41 所示。有的发动机采用液压挺柱,由于液压挺柱的长度能自动变化,随时补偿气门的热膨胀量,故不需要预留气门间隙。

排气门的温度一般高于进气门的温度,因此,排气门间隙通常大于进气门的间隙。

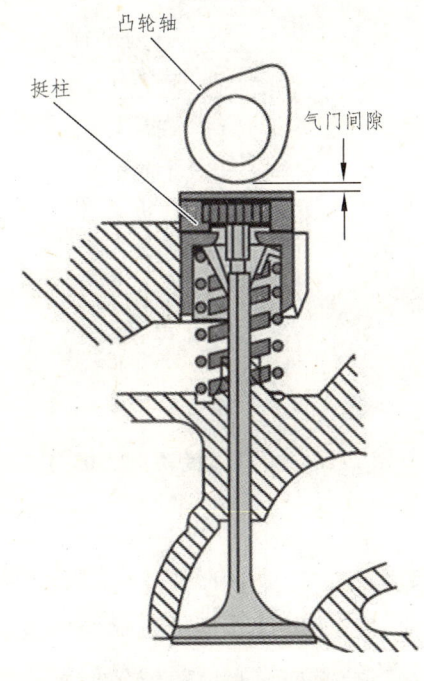

图 2-2-41 气门间隙

调整气门间隙一般采用逐缸调整法或两遍调整法。

逐缸调整气门间隙的要领是使第一缸活塞处于压缩行程的上止点位置。用塞尺测量第一缸进、排气门凸轮基圆与挺柱之间的间隙,若间隙不合格,应调整间隙或更换气门挺柱。其余各缸气门间隙的调整按以上方法进行。

两遍调整法的要领是当第一缸活塞处于压缩行程上止点时,调整所有气门一半数量的气门间隙,再转动曲轴一周便可调整剩下的一半数量气门。

如工作顺序为 1—3—4—2 的直列四缸发动机,当第一缸处于压缩行程上止点时,能同时调整气门间隙的气门是:第一缸的进、排气门,第二缸的进气门,第三缸的排气门;当转动曲轴一周,使第四缸处于压缩行程上止点位置时,可以调整余下的半数气门。

如工作顺序为 1—5—3—6—2—4 的直列六缸发动机,当第一缸处于压缩行程上止点时,能同时调整的气门为第一缸的进、排气门,第二、四缸的进气门,第三、五缸的排气门;当转动曲轴一周，使第六缸处于压缩行程上止点时，余下的半数气门即可调整。两遍调整法调整气门间隙的具体操作方法与逐缸调整法相同。

（三）气门传动组

1. 气门传动组的作用

气门传动的作用是按照发动机工作循环和点火次序开启或关闭气门，并保证气门有足够的开度和适当的气门间隙。气门传动组主要由凸轮轴、挺柱、推杆和摇臂等组成，其结构如图2-2-42所示。

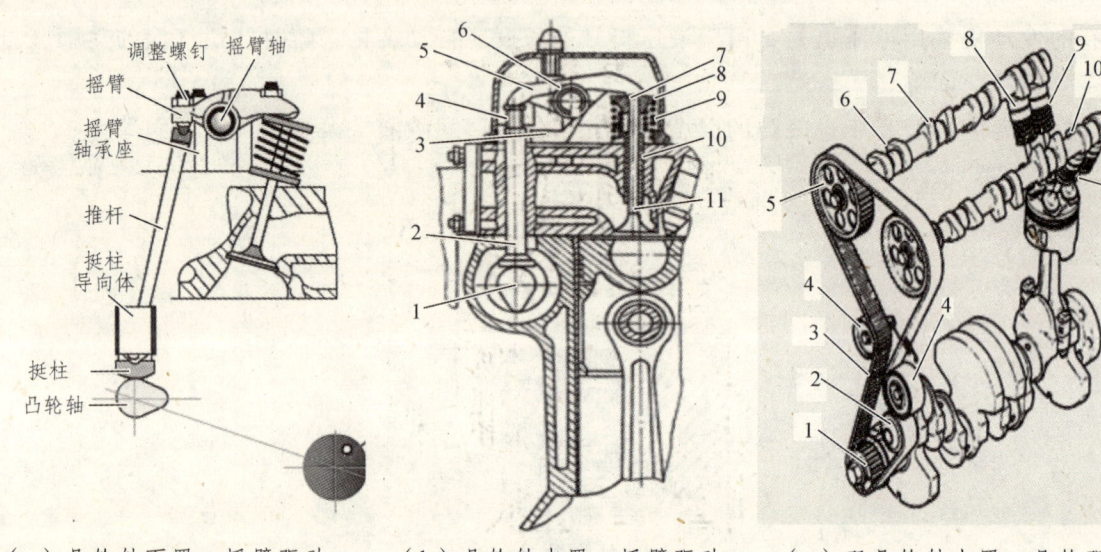

（a）凸轮轴下置、摇臂驱动　　（b）凸轮轴中置、摇臂驱动　　（c）双凸轮轴上置、凸轮驱动

图2-2-42　气门传动组的结构

2. 凸轮轴的作用

凸轮轴是用来驱动气门组件的部件。它通过轴承支承在气缸盖上，由发动机前部的正时齿轮、正时链条或正时皮带驱动。凸轮轴上有许多油孔，通过流经这些油孔的润滑油来润滑凸轮和气门组件。在四冲程发动机上，由于凸轮轴驱动齿轮的齿数是曲轴正时齿轮齿数的两倍，所以凸轮轴的转速是曲轴转速的1/2。

凸轮轴上的凸轮与气缸中的气门相对应，发动机不同，气门的数量也有所不同。气门的开闭时间取决于凸轮形状，气门开闭时刻取决于凸轮轴的位置。凸轮轴的结构如图2-2-43所示。

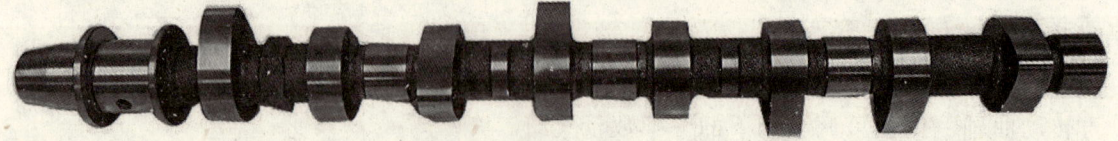

图2-2-43　凸轮轴

凸轮轮廓应保证气门开启和关闭的持续时间符合配气相位的要求，且气门要有合适的升程、足够大的气门通道面积，以保证气门的升降过程具有一定的运动规律。凸轮轮廓形状包括以凸轮旋转中心为中心的圆弧、凸轮上升段和凸轮下降段。为防止气门开启和关闭落座时强烈的冲击，在上升段和下降段靠近圆弧段一侧都设计有缓冲段，如图2-2-44所示。

凸轮轴上各同名凸轮的相对角位置与凸轮轴旋转方向、发动机工作顺序及气缸数或做功间隔角有关。如果从发动机前端看凸轮轴逆时针方向旋转，则工作顺序为1—3—4—2的四缸发动机其做功间隔角为180°曲轴转角，那么各同名凸轮间的夹角为90°。

对于工作顺序为1—5—3—6—2—4的六缸发动机，其同名凸轮间的夹角为60°同一气缸的进、排气凸轮的相对角位置即异名凸轮相对角位置，决定于配气定时及凸轮轴旋转方向，如图2-2-45所示。

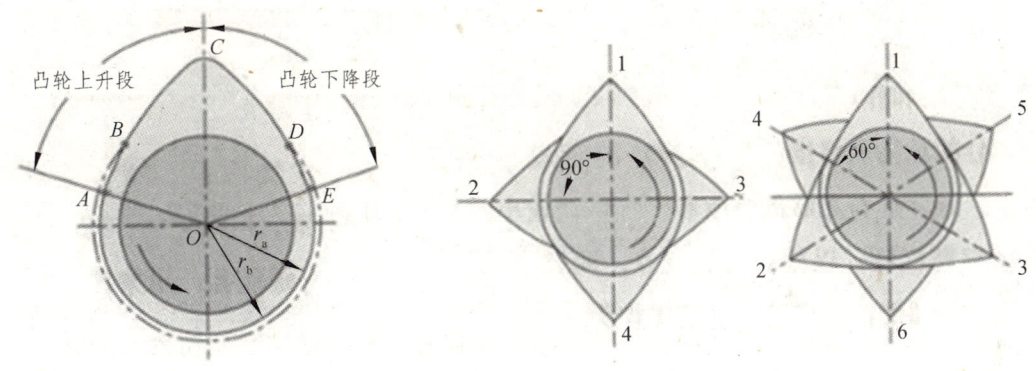

图2-2-44 凸轮轮廓　　　　　　图2-2-45 同名凸轮夹角

3. 凸轮轴的类型

目前汽油发动机配置有单顶置凸轮轴（SOHC）和双顶置凸轮轴（DOHC），如图2-2-46所示。单顶置凸轮轴发动机在气缸盖上仅有一根凸轮轴，同时驱动进、排气门；双顶置凸轮轴发动机在气缸盖上装有两根凸轮轴，分别驱动进气门和排气门。进气凸轮轴上一般标有"IN"标记，排气凸轮轴上标有"EX"标记，如图2-2-47所示。

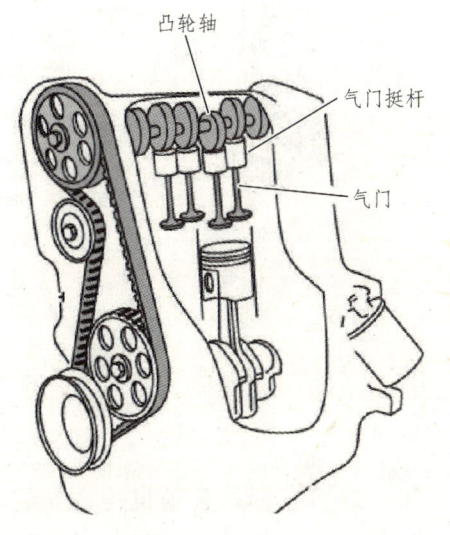

（a）单顶置凸轮轴　　　　　　（b）双顶置凸轮轴

图2-2-46 凸轮轴的类型

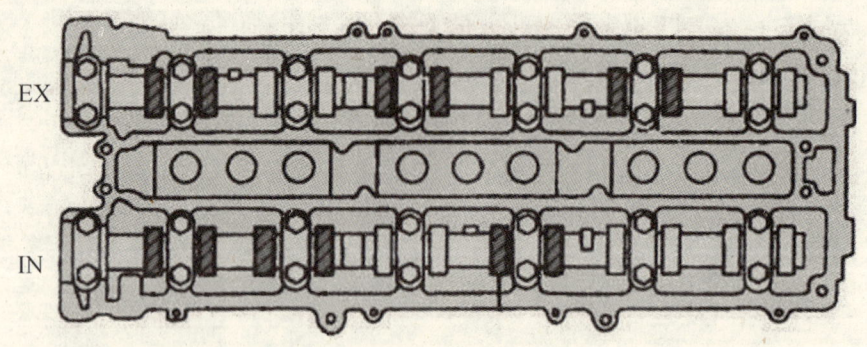

图 2-2-47 凸轮轴标记

4. 凸轮轴的位置

根据凸轮轴安装在发动机的位置，凸轮轴分为顶置式、中置式、下置式三种。凸轮轴的位置如图 2-2-48 所示。

顶置式凸轮轴安放在发动机气缸盖上方，由于取消了推杆，所以凸轮轴更接近气门组件，可以快速驱动气门，因而适合于高转速发动机。但是顶置式凸轮轴增加了发动机的高度，需要较长的传动链条或皮带来驱动。

下置式凸轮轴与曲轴距离较近，可以采用齿轮传动的方式进行驱动，但是需要通过摇臂、推杆等部件对气门进行控制，传动距离长，机构强度差，平顺性不佳，输出功率也比较低，不过这种结构的引擎输出扭矩和低速性能比较出色，结构也比较简单，易于维修。

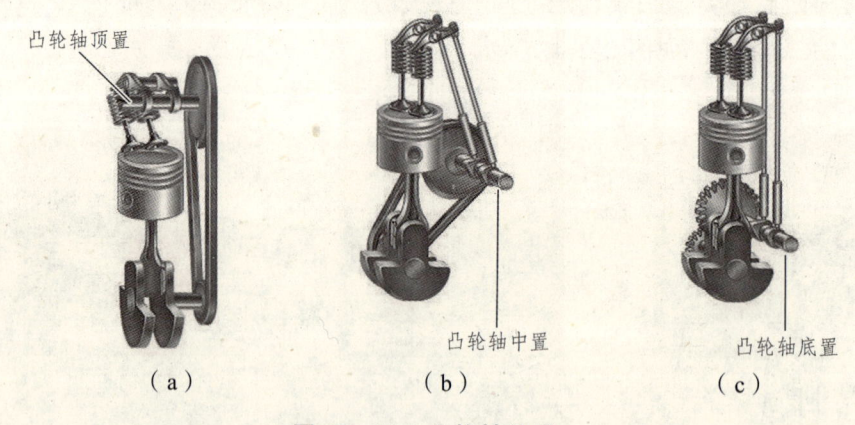

（a）　　　　　　（b）　　　　　　（c）

图 2-2-48 凸轮轴位置

中置式凸轮轴与下置式凸轮轴相似，只是推杆的长度减少了。

5. 凸轮轴驱动方式

凸轮轴的驱动方式有齿轮传动、链传动和齿形带传动，如图 2-2-49 所示。传动机构在安装时应特别注意曲轴正时齿轮（或链轮、带轮）与凸轮轴正时齿轮（或链轮、带轮）的相互位置关系。若安装不当，将严重影响发动机的动力和经济性能。一般制造厂出厂时都有配对记号，应严格按照要求安装，如图 2-2-50 所示。

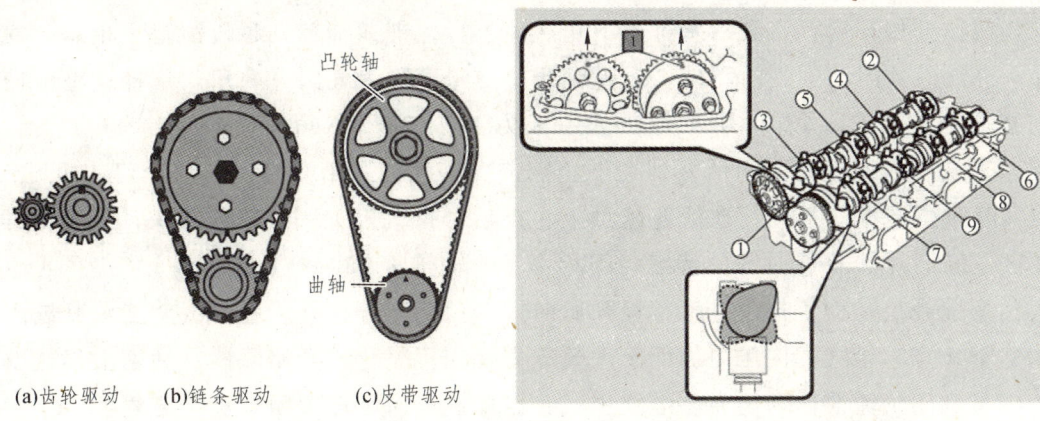

(a)齿轮驱动　(b)链条驱动　(c)皮带驱动

图 2-2-49　凸轮轴驱动方式

图 2-2-50　凸轮轴标记

注：图中①到⑨为轴承盖拆卸顺序。

6. 配气相位

进、排气门开启和关闭的时刻，直接影响气缸内新鲜空气的充入和燃烧后废气的排出，改变发动机的充气效率，直接影响发动机的动力性、经济性等指标。进、排气门的开启时刻和开启持续时间用曲轴转角表示，称为配气相位，通常画成环形图，即配气相位图，如图 2-2-51 所示。

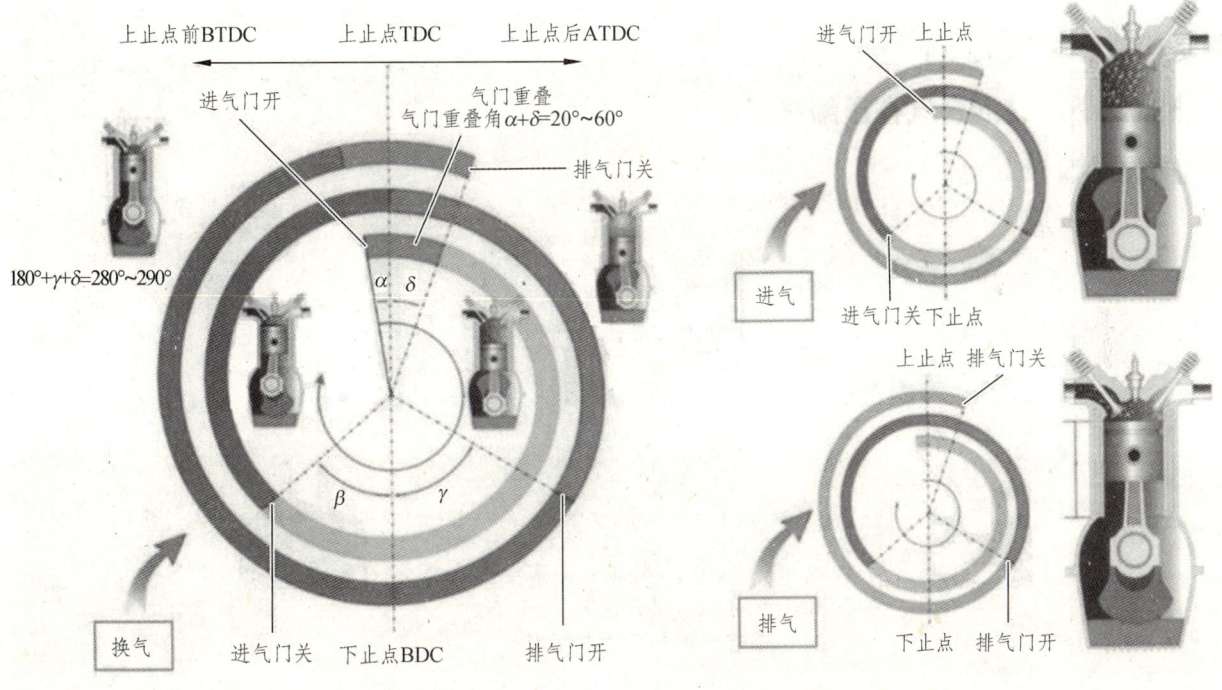

图 2-2-51　配气相位

发动机换气过程中，若能做到排气彻底、进气充分，就可以提高充气系数，增大发动机的输出功率。现代发动机转速很高，每个行程经历的时间都很短。这样短时间的进气和排气过程往往会使发动机充气不足或者排气不净，从而使发动机功率下降。因此，现代发动机都会想办法延长进、排气时间，即气门的开启和关闭时刻并不正好是活塞处于上止点和下止点的时刻，而是分别提前或延迟一定的曲轴转角，以改善进、排气状况，从而提高发动机动力性。

在排气行程接近终了，活塞到达上止点之前，即曲轴转到离活塞的上止点位置还差一个角度

α 时，进气门便开始开启，直到活塞过了下止点后上行，即曲轴转到超过活塞下止点位置后一个角度 β 时，进气门关闭。进气门和排气门同时开启的角度称为气门重叠角。这样，整个进气行程持续时间相当于曲轴转角 $180°+\alpha+\beta$。α 角一般为 $10°\sim30°$，β 角一般为 $40°\sim80°$。

同样，做功行程接近终了，活塞到达下止点前，排气门开始开启，提前开启的角度 γ 一般为 $40°\sim80°$。经过整个排气行程，在活塞越过上止点后，排气门关闭，排气门关闭的延迟角度 δ 一般约为 $10°\sim30°$。整个排气过程的持续时间相当于曲轴转角 $180°+\gamma+\delta$。

进气门提前开启是为了保证进气行程开始时进气门已充分打开，新鲜气体能顺利进入气缸。当活塞到达下止点时，气缸内压力仍低于大气压力，在压缩行程开始阶段，活塞上移速度较慢的情况下，仍可利用气流惯性和压力差继续进气，因此进气门延迟关闭有利于充气。

排气提前开启的原因是，当做功行程的活塞接近下止点时，气缸内的气体虽有压力，但就活塞做功而言，作用不大，这时若稍微开启排气门，大部分废气在此压力作用下可迅速自缸内排出；当活塞到下止点时，气缸内压力已大大下降，这时排气门的开度进一步增加，从而减少了活塞上行时的排气阻力，高温废气迅速排出，还可防止发动机过热。当活塞到达上止点时，燃烧室内的废气压力仍高于大气压力，加之排气时气流有一定的惯性，所以排气门延迟关闭，可以使废气排放得更干净。

学习任务三　发动机曲柄连杆机构检修学习任务设计方案

专业名称	汽车技术服务与营销	一体化课程名称	发动机故障检修
学习任务	发动机气缸磨损检修	建议学时	60
工作情景描述	王先生所驾驶的卡罗拉汽车，发动机动力不足运转不平稳，现车辆进厂维修，技术人员初步诊断为发动机缸压不足。作为未来的维修人员，我们将会按照维修工单和车间作业流程，在教师的指引下，按照维修手册的要求，对该故障进行规范拆检，制订维修方案，确定故障部位，排除故障，恢复车辆性能并最终检验合格后交付前台		
学习任务描述	在教师的指导下确认故障现象，接受故障排除任务后学习曲柄连杆机构的结构组成及工作原理并完成相关工作页的填写，对曲柄连杆机构相关部件进行检测确定故障部位，制订维修方案排除故障并竣工检验合格，交付车辆后进行总结、评价		
与其他学习任务的关系	在汽车维护保养学习任务中已了解了发动机基本维护，在了解汽车发动机基本结构的基础上完成本学习任务，通过本学习任务的学习为汽车发动机检修的其他学习任务打下基础		
学生基础	学生已经完成了汽车维护、保养的操作知识，对汽车发动机各系统的结构认识有了一定的了解		
学习目标	1．知识 （1）能通过维修手册及网络资源检索曲柄连杆机构故障相关信息。 （2）能描述曲柄连杆机构的作用、结构组成和工作原理。 （3）能描述工、量具的使用方法。 （4）能描述曲柄连杆机构常见故障原因和排除方法。 2．技能 （1）能正确确认故障现象并初步分析故障原因。 （2）能查阅维修手册制订拆装检修步骤，并进行展示点评。 （3）能在教师的指引下，按照故障检修流程，拆检相关零部件，确定故障部位并最终排除故障后进行总结评价。 （4）能拆装曲柄连杆机构零部件，按要求进行检查与调整，进行零部件检测并判断性能。 （5）能使用量具正确测量零部件，依据维修手册进行零部件性能判断。 3．素养 （1）能在团队作用下独立或协作完成故障检修、总结评价等任务。 （2）能遵守工作过程的7S检验和职业能力展示评价。		
学习内容	（1）学习安全操作规程及7S现场管理规定。 （2）维修手册的使用。 （3）游标卡尺、外径千分尺、磁性表座的使用。 （4）零部件拆装，性能参数检测及判断。 （5）配气机构的作用、结构组成及工作原理。 （6）曲柄连杆机构拆装检测。 （7）活塞连杆组拆装检测。 （8）曲柄连杆机构故障检测及排除。 （9）与他人沟通合作，获取信息，对学习与工作进行总结，展示评价		

续表

教学条件	维修手册、安全操作规程、车间管理制度、7S 管理规范制度、普通拆装工具、万用表、发动机电控系统实训台架、气门拆装钳、外径千分尺、游标卡尺、磁性表座、内径量缸表、车辆、举升机等
教学组织形式	教学组织形式：小组学习 1. 情景再现 教师组织学生以小组的形式观察曲柄连杆机构故障现象，初步检测，明确学习任务。 2. 初步分析 小组利用工作页和相关知识分析曲柄连杆机构故障现象及原因。 3. 制订方案 学生分组分析故障原因，制订维修步骤方案并展示评价。 4. 实施方案 小组进行发动机曲柄连杆机构的零部件拆装检测，排除故障，工作过程实行自检、互检和终检三级检验。 5. 评价反馈 小组总结、评价，实行自评、互评、教师点评综合评价
教学流程与活动	1. 教学流程 复习与提问→再现情景→任务导入→任务分配→任务实施→评价反馈。 2. 学习活动 | 学习活动 | 发动机气缸磨损检修 | 60 学时 |
评价内容与标准	1. 专业能力评价标准 （1）规范使用工量具和检测设备。 （2）通过参数检测判断曲柄连杆机构零部件性能。 （3）查阅维修手册，分析故障原因。 （4）按照故障检修流程排除故障并总结排除故障思路。 （5）描述曲柄连杆机构的作用，结构组成和工作原理。 （6）描述维修手册查阅方法和思路。 （7）描述各类活塞连杆组结构类型和工作特点。 （8）工作过程的自检、互检、终检和7S 监督，执行安全操作，做好安全防护。 2. 社会能力评价标准 （1）收集资料、方案制作能力（PPT 制作能力、图案绘制能力）。 （2）展示表达能力，沟通交流能力，团队协作能力。 （3）观察分析相互评价、相互肯定与提升的能力。 3. 方法能力 评价标准 （1）维修手册使用方法。 （2）通过维修手册和网络资源有效获得支撑资料的方法。 （3）通过维修资料和场地资源，小组、教师等团队资源解决问题的方法

学习活动　发动机气缸磨损检修

一、学习目标

（1）能够根据操作要点，规范填写维修工单，合理分配人员，并具体实施。
（2）能利用维修资料制订、相互展示并评价气缸磨损造成的气缸压力不足维修方案。
（3）能够利用气缸压力表检测发动机气缸压力。
（4）能够描述不同发动机气缸机体结构。
（5）能根据维修资料正确规范地拆装发动机活塞连杆组。
（6）能够根据维修资料正确规范地拆装发动机曲柄机构。
（7）能够参照维修手册运用各种工量具，检测曲柄连杆机构零部件并判断其性能。
（8）能根据维修手册进行气缸磨损故障排除确认，参照企业要求对车辆进行完工检验。
（9）能对气缸磨损维修进行总结，相互点评，并给出合理的使用保养建议。
（10）能利用不同形式展示气缸磨损维修过程，相互展示并评价学习成果。
（11）能够在团队作用下，独立或集体完成学习任务。
（12）能够执行活动过程的7S管理要求。
（13）能够按职业能力评价要求进行展示评价。

二、学习准备

设备：卡罗拉发动机实训台架或整车、连杆校正仪等。
常用工量具：工具车1套，配备常用梅花扳手、套筒扳手、螺丝刀、内径量缸表、外径千分尺、游标卡尺、塞尺等。
油料、材料：活塞环、曲轴主轴承、汽油、碎布等。
资料：网络资源、维修手册、维修工单、安全操作规程。
分组：每组5~6人，小组讨论后，由组长按岗位分配人员。

三、学习内容

发动机气缸磨损检修学习活动如图3-1-1所示。

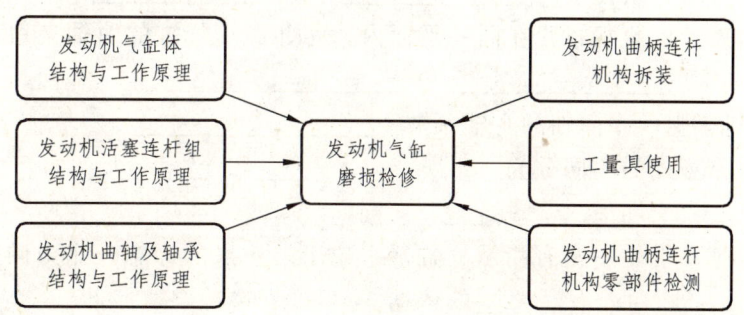

图 3-1-1　学习活动

四、引导问题

（1）机体组主要由：_____、_____、_____、_____等构成。活塞连杆组包括_____、_____、_____等；曲轴飞轮组包括_____、_____等零部件。

（2）机体根据气缸的排列方式可分为_____、_____、_____、_____等四种。

（3）曲柄连杆机构的主要零部件可分为_____、_____和_____三部分。

（4）水冷式机体的结构主要由_____、_____、_____等组成。

（5）油底壳底部装有放油螺栓，通常放油螺栓上设有永久磁铁，其作用是_____。

（6）活塞一般分为三个部分，即_____、_____、_____。活塞顶部形状主要有_____、_____、_____三种。活塞裙部的主要作用是_____。

（7）活塞环分为_____和_____两种。其中气环主要作用是_____；油环主要作用是_____。

（8）气环的开口形状有_____、_____、_____、_____、_____、_____六种。

（9）在安装气环时，各个气环的切口应该_____，构成迷宫式封气装置，其作用是_____。

（10）活塞销用来连接_____和_____，并把活塞承受的_____传递给_____。活塞销与连杆的连接方式可分为_____和_____。

（11）活塞与气缸壁之间应保持一定的配合间隙，间隙过大将会产生_____、_____、_____；间隙过小将会产生_____、_____。

（12）连杆组由_____、_____和_____三部分组成，连杆大头包括_____等组成，连杆小头包括_____、_____。

（13）连杆大头内安装有_____，其作用是_____。

（14）曲轴将活塞连杆组传来的_____转变为_____，用以驱动汽车传动系统。

（15）直列四缸发动机曲拐布置在同一平面内，相邻做功气缸的曲轴夹角为_____，发动机做功顺序一般为_____和_____。

（16）V8发动机全支承式曲轴的主轴颈数为_____。

（17）曲轴按支承型式的不同分为_____和_____；按加工方法的不同分为_____和_____。

（18）飞轮边缘或皮带轮一侧有指示气缸活塞位于上止点的标志，作为调整和检查_____和_____的依据。

五、学习过程

1. 填写维修工单

（1）根据学习活动拆分活动环节或步骤，制订相关维修作业计划。

（2）小组讨论分工填写维修工单——附件。

2. 操作安全事项

查阅维修手册及相关资源，参考操作规范图（见图 3-1-2），列举发动机气缸磨损检修注意事项：

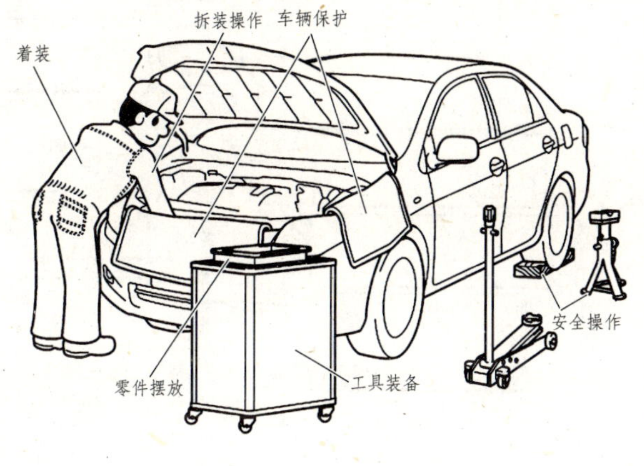

_____
_____
_____
_____
_____

图 3-1-2 操作规范

3. 发动机曲柄连杆机构认知

查阅卡罗拉维修手册"1ZR-FE/2ZR-FE 发动机机械"部分，认知发动机零部件，检索发动机曲柄连杆机构相关零部件元件位置分布的相关信息。

（1）指出图 3-1-3 中发动机机体零部件所在位置的检索路径：_____
_____。

（2）查阅维修手册，参照发动机内部结构图，在图 3-1-3 中方框处写出对应零部件名称，并在圆圈内写出其固定螺栓的拧紧力矩及螺栓数量。

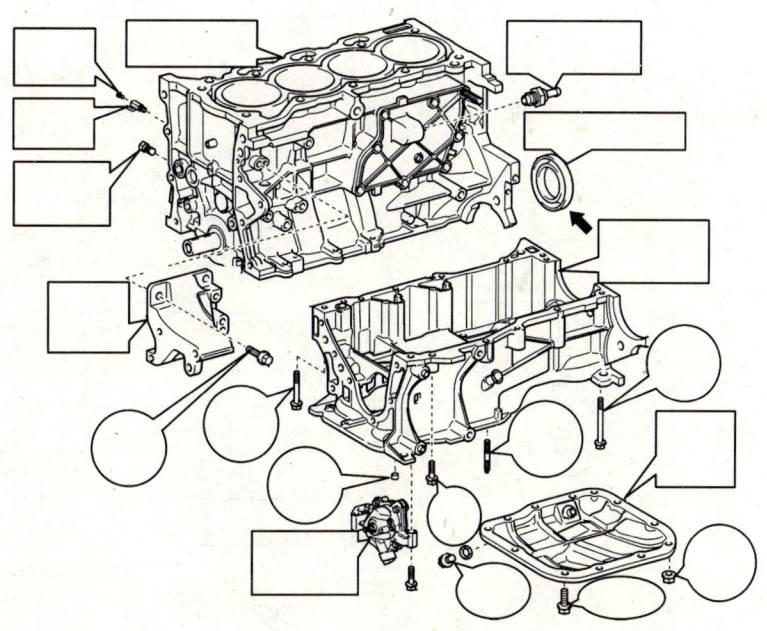

图 3-1-3 气缸体结构示意

(3)指出图 3-1-4 中发动机机体零部件所在位置的检索路径：_____
_____。

(4)查阅维修手册，参照发动机内部结构图，在图 3-1-4 中方框处写出对应零部件名称，并在圆圈内写出其固定螺栓的拧紧力矩及螺栓数量。

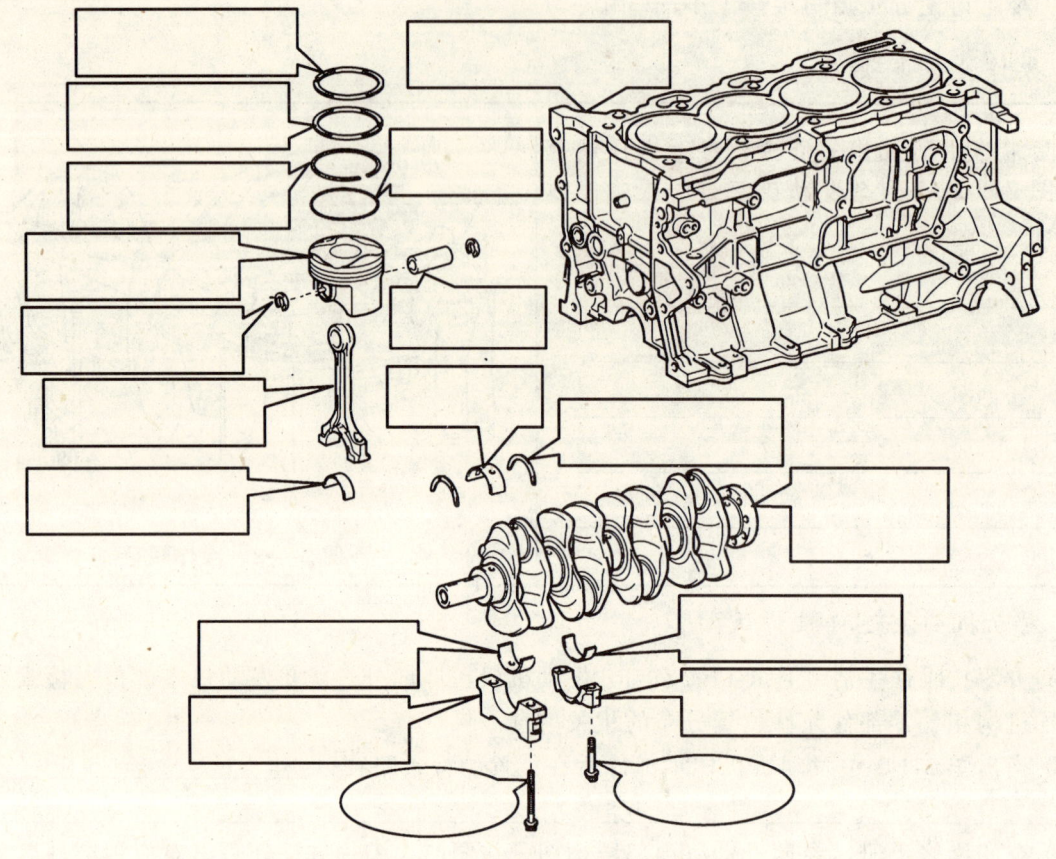

图 3-1-4 曲柄连杆机构结构示意

4. 检测发动机气缸压力

参照维修手册发动机机械部分，利用气缸压力表检测发动机气缸压缩压力，参照图 3-1-5 写出气缸压缩压力检测注意事项，并检测完成表 3-1-1。

注意事项：

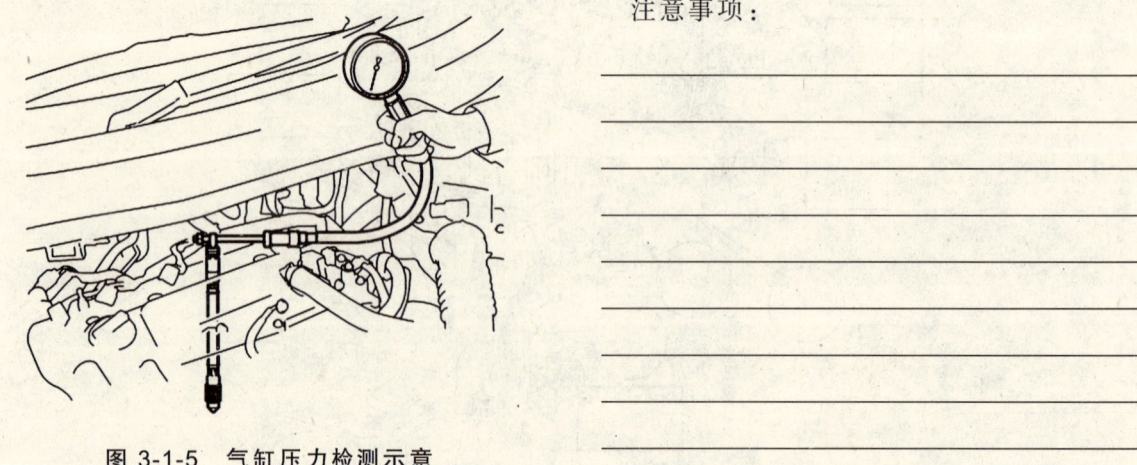

图 3-1-5 气缸压力检测示意

表 3-1-1　气缸压力检测　　　　　　　　　　　　　　　　　　单位：kPa

项目	第一缸	第二缸	第三缸	第四缸
第 1 次				
第 2 次				
平均值				
检测结果：				

5. 发动机曲柄连杆机构拆装

（1）查阅卡罗拉维修手册"1ZR-FE/2ZR-FE 发动机机械"部分，制订气缸磨损检修拆装步骤，写出维修过程中的安全注意事项及不可重复使用零件，并进行展示。

（2）参照维修手册及所制订的检修方案，拆卸发动机分总成，并检测曲柄连杆机构相关零部件。

① 发动机相关附件拆卸。
② 发动机进排气系统拆卸。
③ 发动机配气正时传动机构拆卸。
④ 凸轮轴正时齿轮总成拆卸。
⑤ 凸轮轴轴承盖拆卸。
⑥ 凸轮轴、气门摇臂分总成拆卸。
⑦ 凸轮轴轴承 1、2 号及凸轮轴壳分总成拆卸。
⑧ 气缸盖分总成拆卸。
⑨ 拆卸 2 号链条分总成，如图 3-1-6 所示。

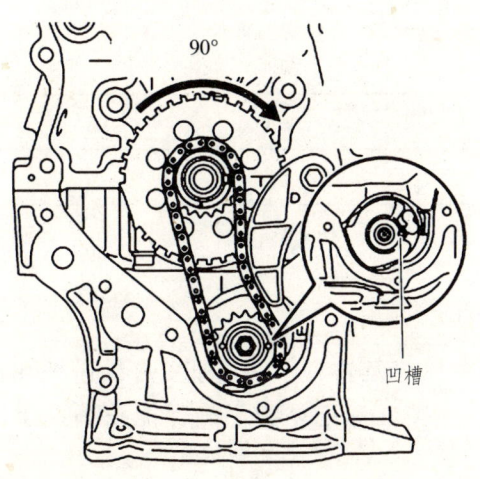

图 3-1-6　2 号链条安装示意

顺时针转动曲轴 90°，以便将机油泵驱动轴链轮的调节孔与机油泵槽对准。

为什么只转动曲轴 90°？

_____

_____

使用直径为 3 mm 的杆插入机油泵驱动轴链轮的调节孔，以便将齿轮锁定就位，然后拆下螺母。

拆下螺栓、链条张紧器盖板和弹簧。

拆下曲轴正时链轮、机油泵驱动轴齿轮和 2 号链条分总成。

拆卸 1 号曲轴位置信号盘。

⑩ 拆卸2号油底壳分总成如图3-1-7和图3-1-8所示。

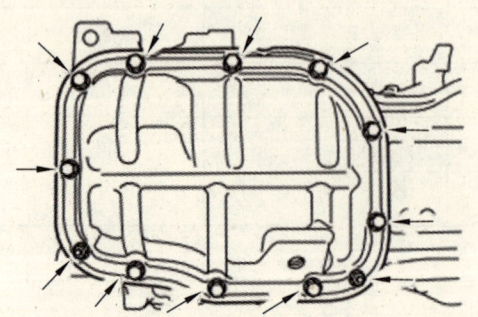

图 3-1-7 2号油底壳螺栓示意

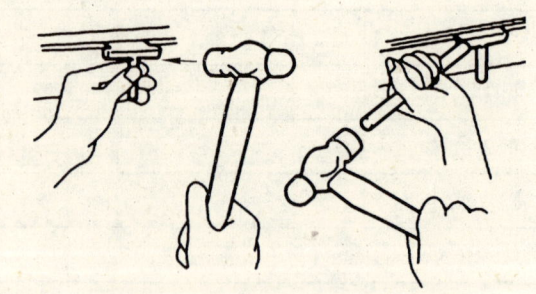

图 3-1-8 2号油底壳拆卸示意

结合实物回答以下问题：

图 3-1-7中有螺栓_____颗，螺母_____颗。拆装放油螺栓使用的工具为_____。

将SST的刃片插入曲轴箱和油底壳之间。切断密封胶并拆下油底壳。

注意事项：_____。

⑪ 拆卸机油泵总成。

⑫ 拆卸发动机后油封及加强曲轴箱总成如图3-1-9所示。

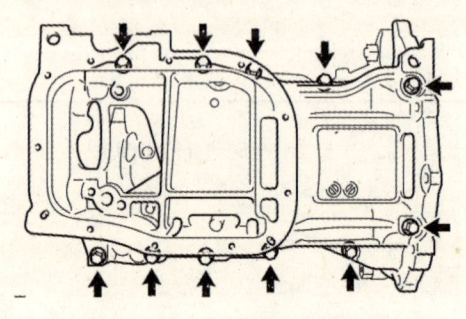

图 3-1-9 曲轴箱总成示意

结合实物回答以下问题：

图 3-1-9中有螺栓_____颗，其固定螺栓长度_____（全部相同/不相同）。

用螺丝刀撬动曲轴箱和气缸体之间的部位，拆下曲轴箱。

注意事项为：_____。

⑬ 拆卸1号通风箱如图3-1-10所示。

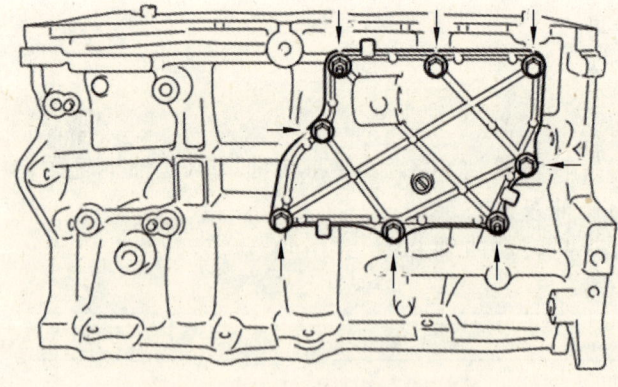

图 3-1-10 1号通风箱示意

结合实物回答以下问题：

图 3-1-10中有螺栓_____颗，螺母_____颗。

使用螺丝刀撬动1号通风箱时有哪些注意事项？

_____

_____

⑭ 拆卸带连杆的活塞分总成。

拆卸前用铰刀去除气缸顶部的所有积炭并在各缸活塞顶部及连杆上做标记，确认连杆和连杆盖上的装配标记相互对准（见3-1-11），连杆和连杆盖的装配标记是为了确保能正确地重新安装。

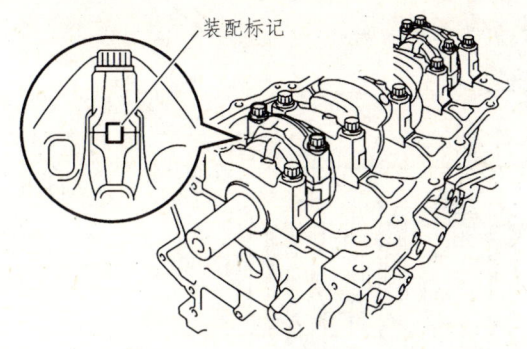

图 3-1-11 装配标记示意

用工具均匀松开 2 个螺栓,用 2 个已拆下的连杆盖螺栓,通过左右摇动连杆盖拆下连杆盖和下轴承(见图 3-1-12)。

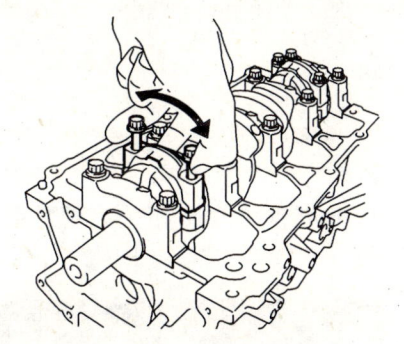

图 3-1-12 拆卸示意

参考图 3-1-12 写出在拆卸活塞连杆组过程中有哪些注意事项。

_____
_____
_____
_____
_____

⑮ 拆卸活塞环组件及活塞。

a. 拆卸活塞环组件。

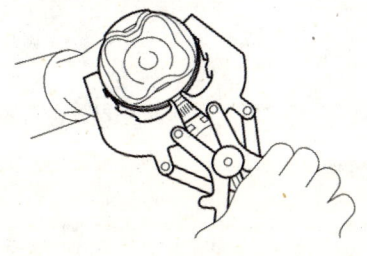

图 3-1-13 活塞环拆装示意

图 3-1-13 中专用工具名称为_____。
该发动机活塞共有_____道活塞环,
其中_____道_____环,
_____道_____环。
拆卸注意事项有哪些?
_____
_____

b. 拆卸活塞。

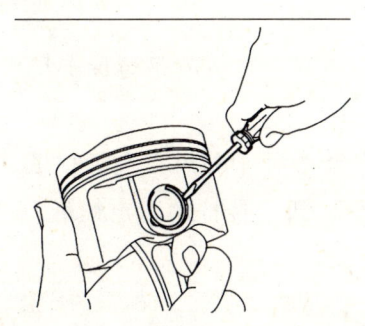

图 3-1-14 活塞销卡簧拆卸示意

活塞与连杆连接形式有两种分别是_____和_____,图 3-1-14 中活塞连杆的连接形式为_____。

分离活塞与连杆一般将活塞加热至_____,用塑料锤和铜棒,轻轻敲出活塞销并拆下连杆。活塞和活塞销是一组配套件。需按正确的顺序摆放活塞、活塞销、活塞环、连杆和轴承。

⑯ 拆卸曲轴及曲轴轴承盖。

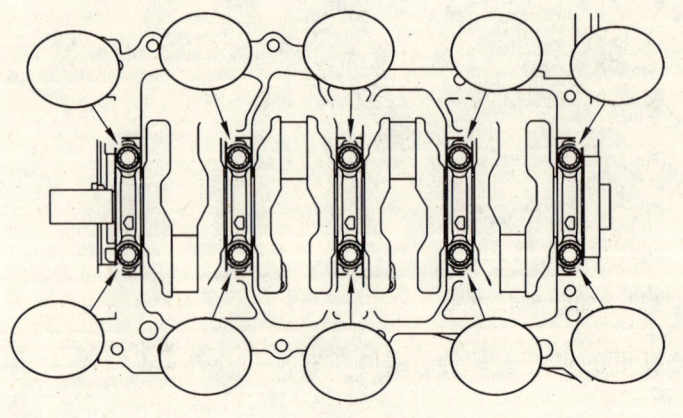

请在图 3-1-15 的圆圈中写出曲轴主轴承盖螺栓拆卸顺序。

曲轴拆卸注意事项有哪些？

_____

_____

曲轴轴承拆卸完成后可以随意摆放（_____）。（√/×）

曲轴止推垫圈位于第_____道主轴颈。

图 3-1-15　螺栓拆卸顺序示意

6. 曲柄连杆机构零部件检测

（1）气缸体检测与性能判断。

① 量缸表认识。

查阅相关网络资源或内径百分表使用说明书，在图 3-1-16 方框中写出相关零部件名称。

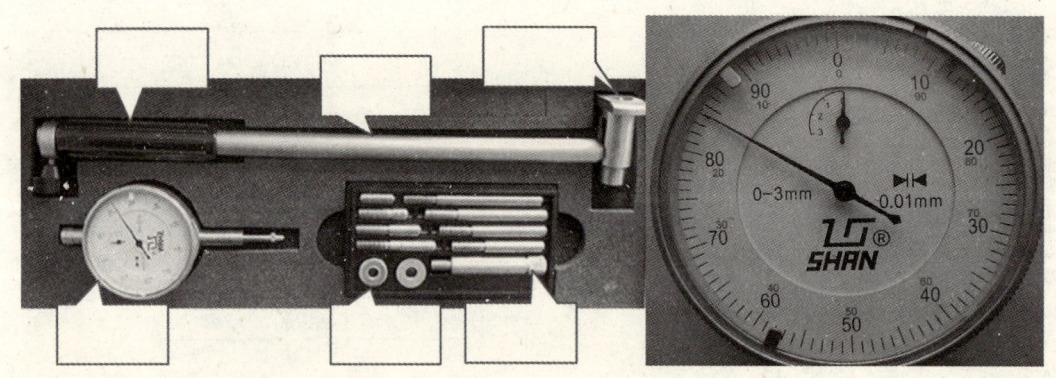

图 3-1-16　内径量缸表零部件

图 3-1-16 中百分表最大量程为_____，长指针所对应的外圈刻度盘每一格为_____，短指针所对应的刻度盘每一格为_____，长指针与短指针所对应的刻度关系为_____。

② 量缸表使用（见图 3-1-17）。

a. 校正外径千分尺：先把外径千分尺调到被测气缸的标准尺寸，也就是游标卡尺所测得的气缸直径数值。

b. 检校内径百分表：安装内径百分表于表杆上，将表放于外径千分尺上进行预压，稍微旋动接杆，使量缸表短指针转动至 2mm，使长指针对准刻度零处，扭紧接杆的固定螺母。

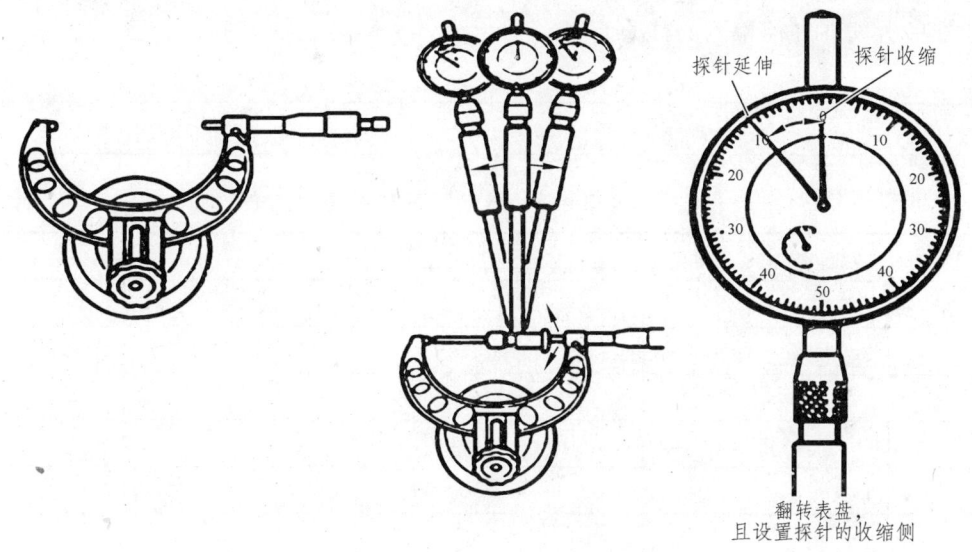

图 3-1-17 量缸表使用示意

③ 参照维修手册及气缸内径测量位置（见图 3-1-18）和发动机气缸内径测量方法（见图 3-1-19），检测发动机气缸缸径，将检测结果填入表 3-1-2 中，并进行相关性能判断。

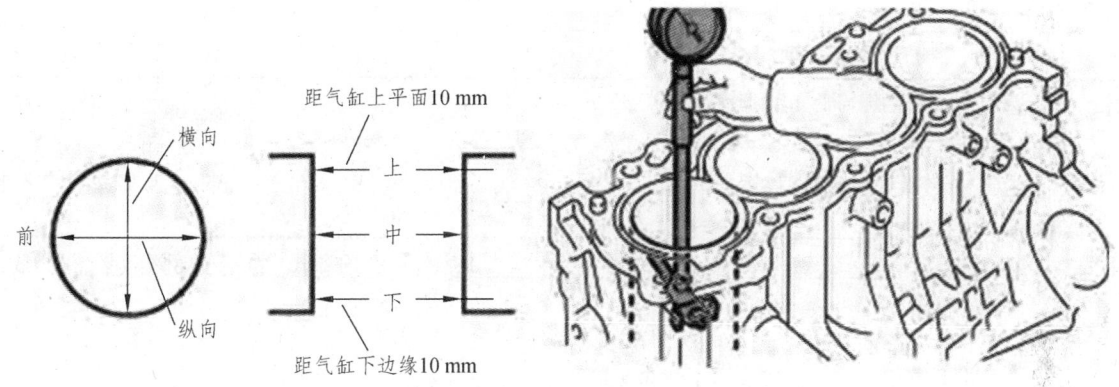

3-1-18 气缸内径测量位置

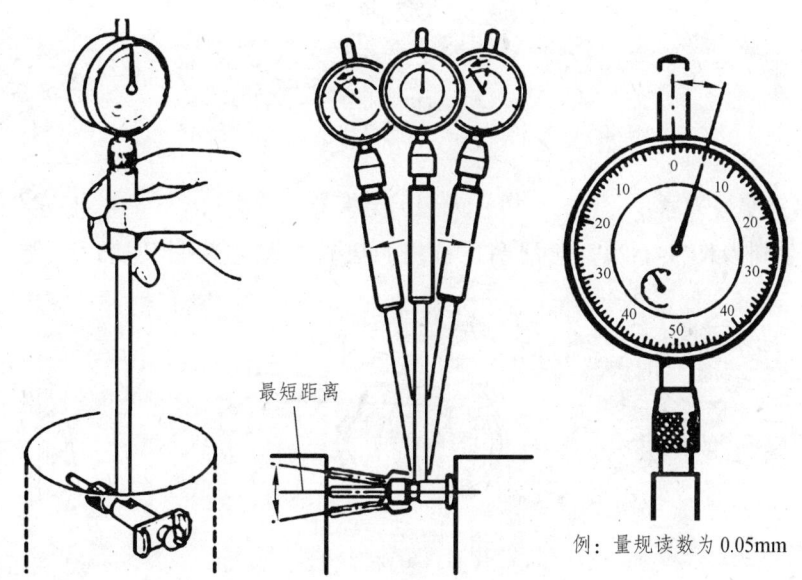

3-1-19 气缸内径测量方法

结合上图写出气缸内径检测的注意事项。
_____
_____

表 3-1-2　发动机气缸内径检测表　　　　　　　　　　单位：mm

查阅维修手册确定气缸标准缸径：_____				
气缸部位	第　　缸	第　　缸	第　　缸	第　　缸
1 上　纵				
2 上　横				
3 中　纵				
4 中　横				
5 下　纵				
6 下　横				
7 圆度偏差				
8 圆柱度偏差				
9 修理尺寸	（数据＋级别）		10 上平面度偏差	
该缸体性能判断（是否需要维修加工）				

（2）活塞连杆组检测与性能判断。

① 活塞连杆组清洁。

图 3-1-20 中使用衬垫刮刀清洁的是_____（活塞顶部、活塞头部、活塞裙部），其上的积炭是如何产生的？_____

图 3-1-21 中使用_____清洁的是_____（活塞顶部、活塞头部、活塞裙部、活塞环槽）。

图 3-1-22 中活塞全面清洁时的注意事项有哪些？

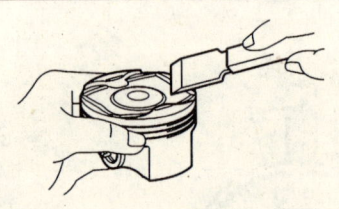
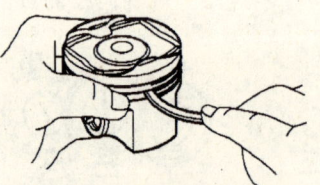
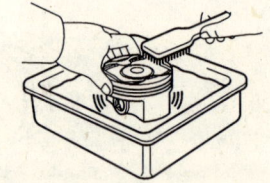

图 3-1-20　活塞顶部清洁　　　图 3-1-21　活塞环槽清洁　　　图 3-1-22　活塞全面清洁

② 参照维修手册及图 3-1-23，对活塞连杆组，进行检测并判断其使用性能。

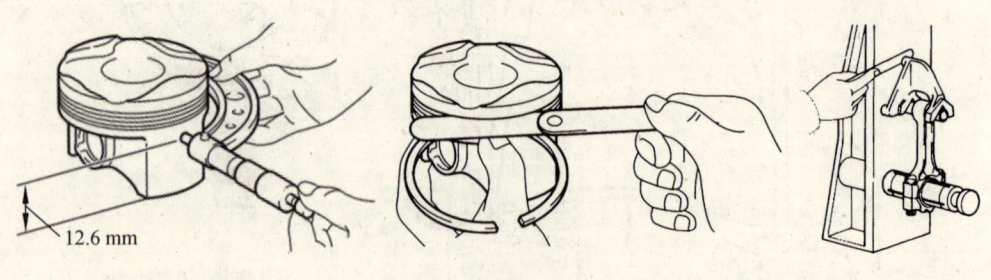

（a）活塞检测　　　　　　　（b）活塞环检测　　　　　　　（c）连杆检测

图 3-1-23　活塞连杆组检测示意

图 3-1-23（a）中活塞检测时其检测部位在距活塞顶部 12.6 mm（0.4961 in）处，用螺旋测微器测量与活塞销孔成直角的活塞直径,其活塞与气缸油膜间隙由_____得到。

从图 3-1-23（b）中可看出活塞环检测的是活塞环_____（背隙、边隙、端隙），其背隙的检测方法为_____、端隙的检测方法为_____。

图 3-1-23（c）中连杆检测所使用的工具为_____，其注意事项有_____。

结合维修手册进行活塞连杆组检测，完成表 3-1-3。

表 3-1-3 活塞连杆组检测　　　　　　　　　　　　　　单位：mm

序号	项目		第1缸	第2缸	第3缸	第4缸	标准值
1	活塞环	端　隙					
		边　隙					
		背　隙					
2	活塞	外　径					
	气缸	最大内径					
	活塞与气缸的最大配合间隙						
3	连杆	扭曲值	mm/100 mm	mm/100 mm	mm/100 mm	mm/100 mm	mm/100 mm
		弯曲值	mm/100 mm	mm/100 mm	mm/100 mm	mm/100 mm	mm/100 mm
检测结果（是否需要进行更换维修）							

③ 结合维修手册及图 3-1-24 进行活塞销油膜间隙检测，并完成表 3-1-4。

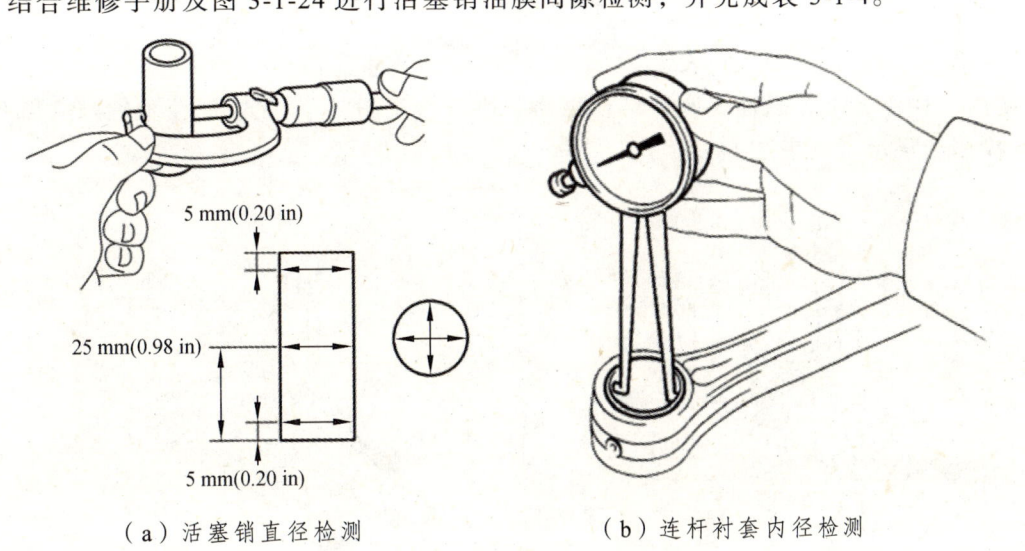

（a）活塞销直径检测　　　　（b）连杆衬套内径检测

图 3-1-24 活塞销油膜间隙检测

表 3-1-4　活塞销油膜间隙检测　　　　　　　　　　　　　　　　　　　单位：mm

气缸	第1缸		第2缸		第3缸		第4缸	
测量部位	活塞销外径	连杆衬套内径	活塞销外径	连杆衬套内径	活塞销外径	连杆衬套内径	活塞销外径	连杆衬套内径
标准值								
最大直径								
最小直径								
最大配合间隙								
检测结果（是否需要进行更换或维修）								

（3）曲轴检测与性能判断。

① 利用相关资源，查阅资料，将图 3-1-25 中曲轴各部位名称填写完整。

位于轴颈上小孔作用是＿＿＿＿＿＿＿＿＿＿＿＿＿＿＿＿＿＿＿＿＿＿＿＿＿＿＿＿＿。

位于平衡重上小孔作用是＿＿＿＿＿＿＿＿＿＿＿＿＿＿＿＿＿＿＿＿＿＿＿＿＿＿。

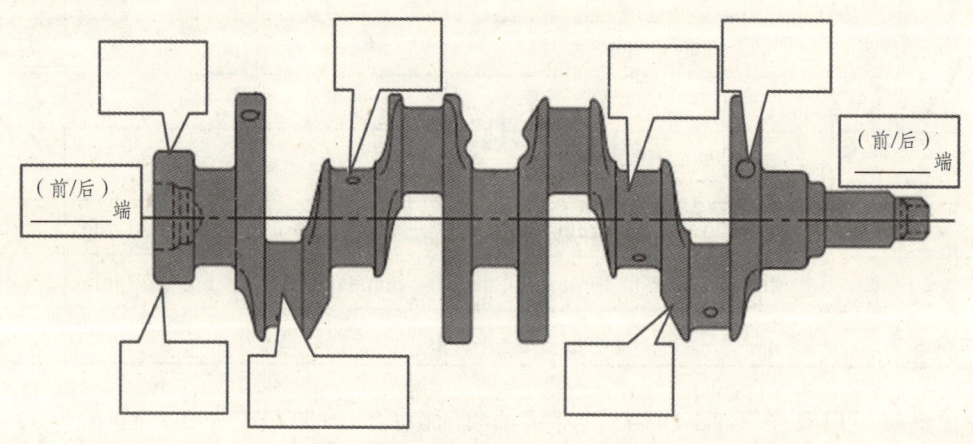

图 3-1-25　曲轴

② 使用外径千分尺、磁性表座，结合维修手册，参照图 3-1-26 检测曲轴轴颈磨损及径向圆跳动，将检测结果填写在表 3-1-5 和 3-1-6 中。

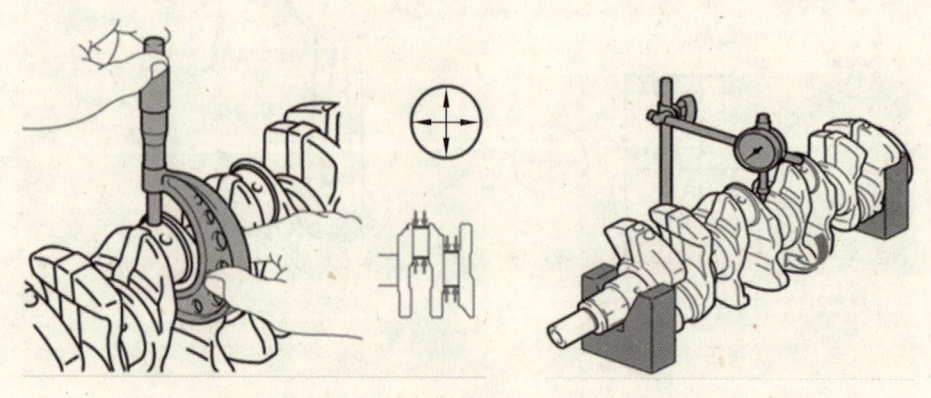

（a）轴颈磨损检测　　　　（b）径向圆跳动检测

图 3-1-26　曲轴轴颈磨损及径向圆跳动检测示意

表 3-1-5　主轴颈磨损检测　　　　　　　　单位：mm

主轴颈	第一道	第二道	第三道	第四道	第五道
标准尺寸					
A 前					
B 前					
A 后					
B 后					
圆度偏差					
圆柱度偏差					
修理尺寸			（数据＋级别）		
曲轴径向圆跳动（弯曲）					
飞轮凸缘端面圆跳动					

表 3-1-6　连杆轴颈磨损检测　　　　　　　　单位：mm

连杆轴颈	第一道	第二道	第三道	第四道
标准尺寸				
A 前				
B 前				
A 后				
B 后				
圆度偏差				
圆柱度偏差				
修理尺寸			（数据＋级别）	

③ 曲轴油膜间隙检查。

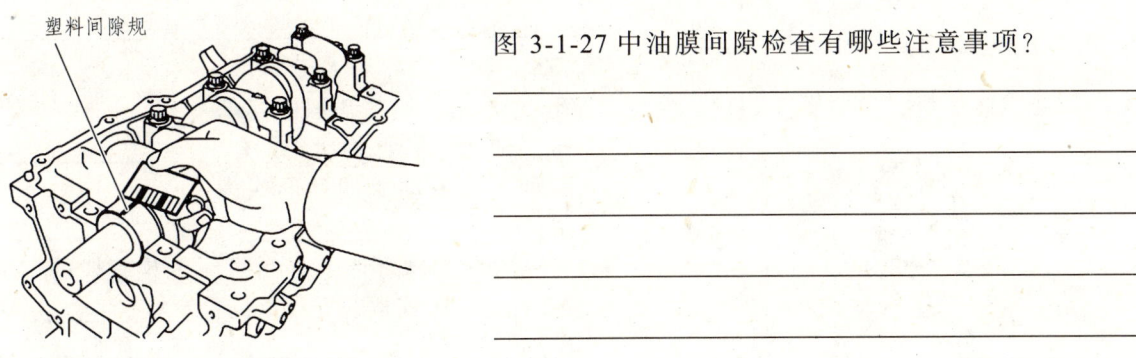

图 3-1-27 中油膜间隙检查有哪些注意事项？

_____

_____

_____

_____

_____

图 3-1-27　油膜间隙检测示意

使用塑料间隙规，结合维修手册，参照图 3-1-27 检测曲轴油膜间隙，将检测结果填写在表 3-1-7 中。

表 3-1-7　曲轴油膜间隙检测　　　　　　　　　　　　单位：mm

		第一道	第二道	第三道	第四道	第五道
主轴颈	标准尺寸					
主轴颈	检测值					
连杆轴颈	标准尺寸					—
连杆轴颈	检测值					—
检测结果（是否需要进行更换或维修）						

④ 曲轴轴向间隙检查。

使用磁性表座，结合维修手册，参照图 3-1-28 检测曲轴轴向间隙。

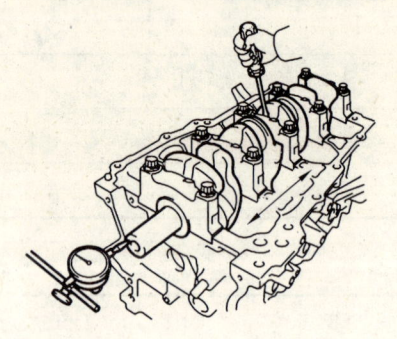

图 3-1-28　曲轴轴向间隙检测示意

写出曲轴轴向间隙检查安装步骤及注意事项。

步骤：

_____

_____

注意事项：

_____

检测：用螺丝刀来回撬动曲轴的同时，用百分表测量轴向间隙。标准值：_____；测量值：_____；如果检测值超过最大轴向间隙应更换_____。

7. 发动机曲柄连杆机构装配

（1）活塞连杆组组装。

① 依据维修手册，参照图 3-1-29，组装活塞连杆组。

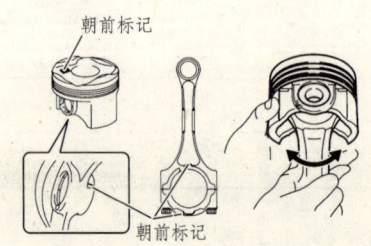

图 3-1-29　活塞连杆组装示意

请写出组装、检查活塞连杆组的注意事项。

_____

_____

_____

_____

② 依据维修手册，参照图 3-1-30，组装活塞环，并完成相关知识内容。

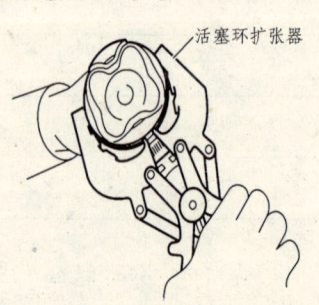

图 3-1-30　活塞环安装示意

油环的结构形式有_____、_____两种，该发动机油环形式为_____，一般由_____、_____组成。

安装活塞环时，如活塞环上具有代码 A1、A2 标记，则代码标记 A1 位置_____（向上/向下）为第_____道活塞环；代码标记 A2 位置_____（向上/向下）为第_____道活塞环；活塞环开口应错开一定角度，以确保气缸密封性。

查阅维修手册，结合实际操作，请在图 3-1-31 中绘制出各道活塞环开口角度。

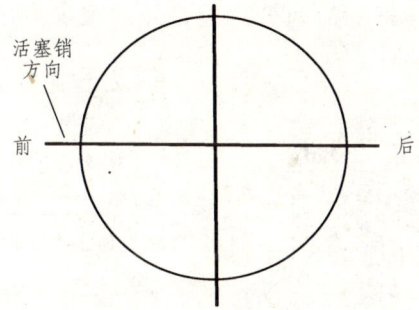

图 3-1-31　活塞环开口角度

（2）曲轴组装。

① 依据维修手册，参照图 3-1-32，组装曲轴主轴承。

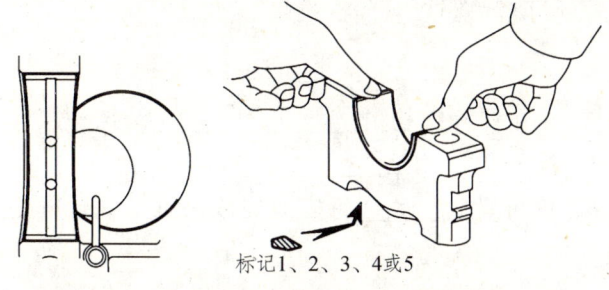

图 3-1-32　曲轴主轴承安装示意

a. 将带机油槽的上轴承安装到气缸体上。安装时应注意：_____。

b. 将下轴承安装到轴承盖上。安装时应注意：_____。

曲轴轴承与轴承盖在安装时为什么不能互换？_____。

② 依据维修手册，安装曲轴，在图 3-1-33 中写出螺栓紧固顺序，并按规定力矩紧固曲轴轴承盖固定螺栓。

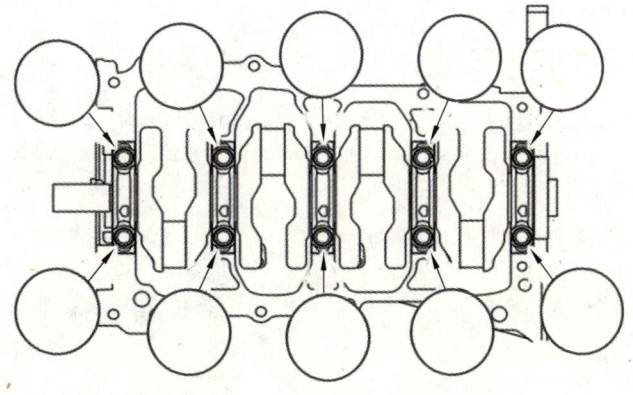

图 3-1-33　螺栓紧固顺序示意

a. 轴承盖安装时有哪些注意事项？

_____

_____

b. 安装螺栓时应_____完成，并将螺栓按图 3-1-33 中的顺序紧固至_____。用油漆在轴承盖螺栓前端做标记；按图所示数字顺序，将轴承盖螺栓再紧固_____；检查并确认油漆标记与前端成_____。紧固完成后应检查并确认_____。

（3）带连杆的活塞分总成。

① 依据维修手册，安装带连杆的活塞分总成，并按规定力矩紧固连杆轴承盖固定螺栓。

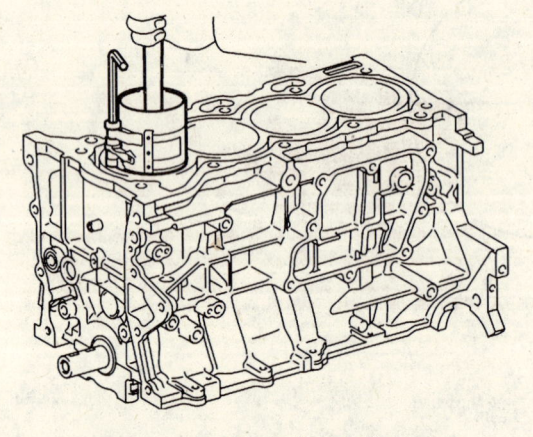

图 3-1-34 活塞总成安装示意

安装连杆轴承时应注意_____。

将活塞连杆组安装入发动机气缸体前应_____。

图 3-1-34 中所使用的活塞连杆组安装工具为_____。安装时应检查活塞及连杆_____标记是否正确，各活塞环开口是否_____。将曲轴旋转至 1 缸下止点位置时，方便安装_____缸活塞连杆组，旋转至 1 缸上止点位置时，方便安装_____缸活塞连杆组。

② 连杆螺栓安装紧固。

a. 安装连杆轴承盖应检查其_____标记，并在连杆螺栓的_____涂抹一层薄机油。紧固连杆螺栓应_____完成，交替拧紧连杆盖螺栓至_____。

b. 用油漆在连杆盖螺栓前端做标记。将连杆盖螺栓再紧固_____每安装完成一缸活塞连杆组应检查确认曲轴是否转动顺畅。

（4）安装 1 号通风箱。

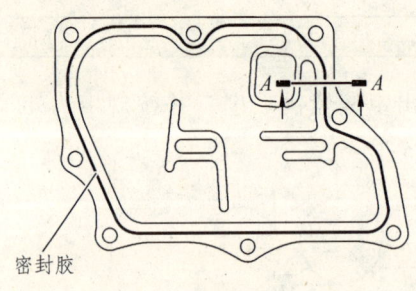

图 3-1-35 密封胶涂抹示意

连续涂抹密封胶如图 3-1-35 所示。其固定螺栓力矩为_____。密封直径为_____。

安装时应注意：

_____

_____

_____

_____

（5）安装加强曲轴箱总成如图 3-1-36 所示。

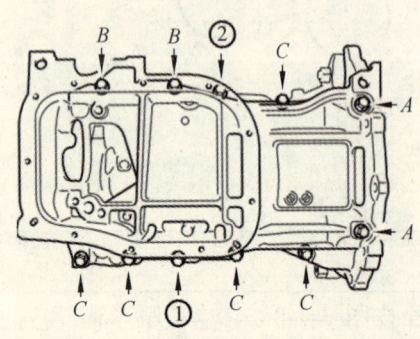

图 3-1-36 曲轴箱总成安装示意

连续涂抹密封胶。其固定螺栓力矩为_____，共有固定螺栓_____个。密封胶直径为_____。

安装时应注意：

_____

_____

_____

安装紧固完成后需重新检查螺栓 1 和 2 的紧固力矩。

（6）安装发动机后油封如图 3-1-37 所示。

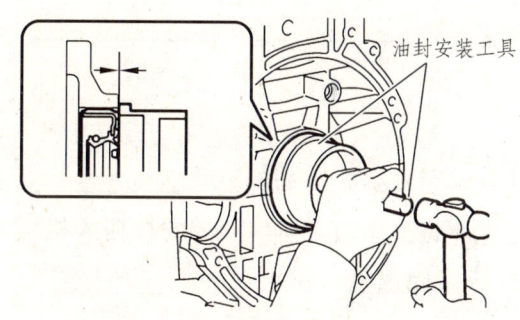

图 3-1-37　发动机后油封安装示意

在新油封唇口涂抹通用润滑脂。安装时应注意：

_____
_____
_____
_____
_____

（7）机油泵及油底壳总成安装。

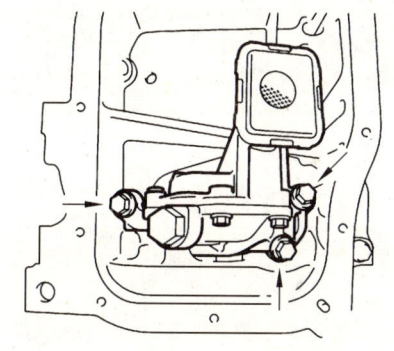

图 3-1-39　机油泵安装示意

如图 3-1-38 所示用 3 个螺栓安装机油泵。其安装固定力矩为_____。

安装 2 号油底壳分总成时，清除所有旧的密封填料，涂抹密封胶，并将_____个固定螺栓和_____个固定螺母紧固至_____N·m。

涂抹密封胶安装时应注意：

_____
_____
_____

（8）1 号曲轴位置信号盘安装，安装信号盘时，使_____标记朝前。

（9）2 号链条分总成安装。

依据维修手册，参照图 3-1-39 安装 2 号链条分总成，并按规定力矩紧固机油泵驱动齿轮固定螺母。

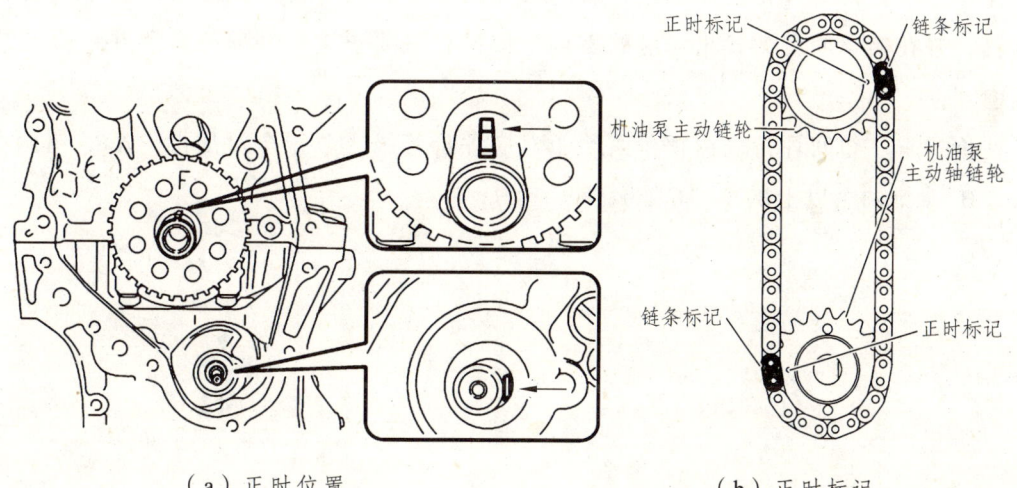

（a）正时位置　　　（b）正时标记

图 3-1-39　2 号链条分总成安装示意

依据维修手册，结合实际操作，完善2号链条分总成安装步骤。

① 如图3-1-39（a）所示设置曲轴键，_____。

② 如图3-1-39（b）所示，_____。使链条装于齿轮上，并将链轮安装到曲轴和机油泵轴上。

③ 用螺母暂时紧固机油泵驱动轴链轮。

④ 将减振弹簧插入调节孔，然后用螺栓安装链条张紧器盖板。扭矩：_____。

⑤ 将_____。将一个直径为4 mm的杆插入机油泵驱动轴齿轮的调节孔，以便将齿轮锁定就位，然后紧固螺母。扭矩：_____。

（10）安装气缸盖衬垫及气缸盖分总成。

（11）安装凸轮轴轴承1、2号及凸轮轴壳分总成。

（12）安装凸轮轴、气门摇臂、气门间隙调节器分总成。

（13）安装凸轮轴轴承盖。

（14）安装凸轮轴正时齿轮总成。

（15）安装发动机配气正时传动机构。

（16）安装正时链条盖分总成。

（17）安装机油滤清器支架。

（18）安装气缸盖罩分总成。

（19）安装发动机进排气系统。

（20）安装其他附件。

六、评价反馈

组员进行自我评价、相互评价，完成表3-1-8内的相应内容。

组间评价说明：

（1）操作评价。评价人指定曲柄连杆机构相关的零件，被评价人在维修手册中找出相应零件所在的页码，并在实车或台架找出对应的零件；根据相关要求进行零部件检测并将检测结果填写于评价表中。

（2）评价要求。组间评价表由评价人给予对应评价等级：单行全对的得"A"，错两个（含）以下的得"B"，错两个以上的得"C"。

表 3-1-8 学习评价表

项　目	评价内容	评价等级 ☹	☺	😎
自我评价	学到的知识点：			
	学到的技能点：			
	不理解的有：			
	还需要深化学习并提升的有：			
组内评价	○按时到场　　　○工装齐备　　　○书、本、笔齐全　　　　　　　　　　　　　　　　　　○安全操作　　　○责任心强　　　○7S管理规范　　　　　　　　　　　　　　　　　　○学习积极主动　○合理使用教学资源　○主动帮助他人　　　　　　　　　　　　　　　　　　○接受工作分配　○有效沟通　　　○高效完成工作任务			
组间评价	零件名称　　检查页码　　安装页码　　实际发动机的位置			
	活塞环			
	曲轴轴承			
	止推垫圈			
	检测项目　　　　　　检测位置			
	曲轴/气缸　　1　　2　　3　　4			
小组评语及建议	他（她）做到了： 他（她）的不足： 给他（她）的建议：	组长签名： 　年　月　日		
教师评语及建议		评价等级： 教师签名： 　年　月　日		

七、学习材料

（一）机体组

机体组主要由机体、曲轴箱、气缸盖和气缸垫等零件组成，如图 3-1-40 所示。机体组是构成发动机的主要骨架，是发动机各机构和各系统的安装基础，其内外安装着发动机的主要零部件和附件。

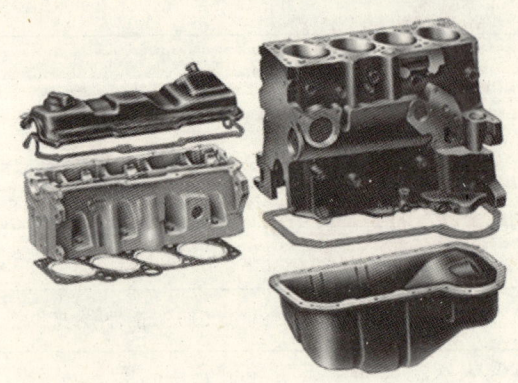

图 3-1-40　机体组

1. 气缸体分类

发动机气缸体种类繁多，通常按照以下不同方式进行分类。

按照制造材料的不同，分为铸铁气缸体和铝合金气缸体。铸铁气缸体强度、刚度及耐磨性能较好，但气缸体比较笨重，散热性差。铝合金气缸体质量小、散热好，适合于中小型发动机，但其强度、刚度较低，耐磨性较差，成本相对较高。

按照气缸体与油底壳安装平面的位置不同，分为一般式、龙门式和隧道式三种类型，如图 3-1-41 所示。

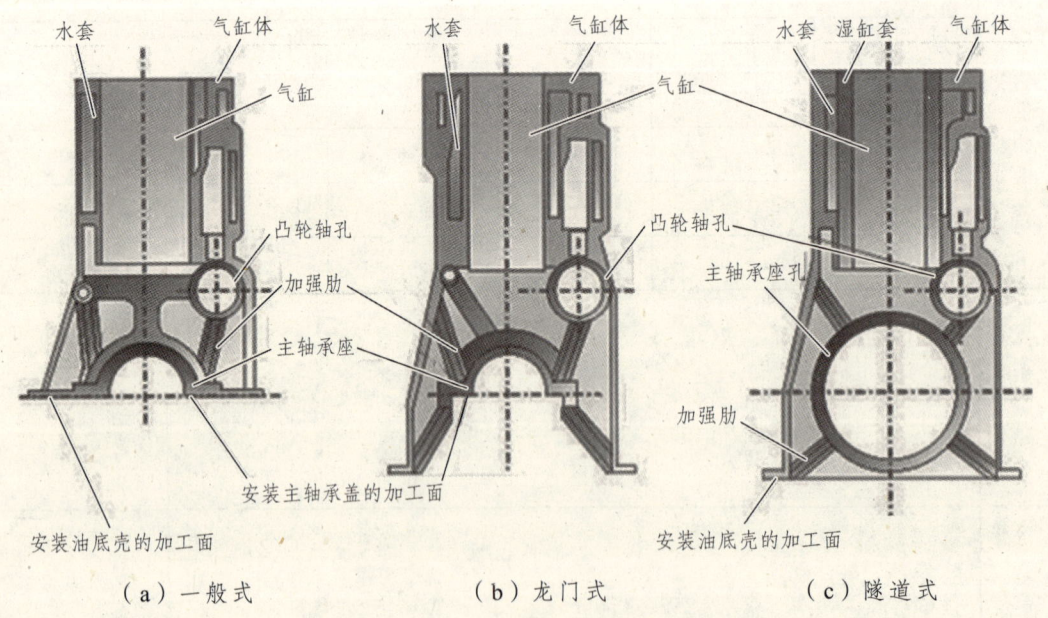

（a）一般式　　　（b）龙门式　　　（c）隧道式

图 3-1-41　不同安装平面示意图

一般式气缸体的油底壳安装平面和曲轴旋转中心在同一高度。其机体高度小、质量小、机械加工简单、曲轴拆装较为方便，但刚度、强度较差，且曲轴前后端与油底壳接合处密封性较差，多用于中小型发动机。

龙门式气缸体的油底壳安装平面低于曲轴的旋转中心。其强度高、刚度好、能承受较大的机械负荷，但结构笨重、工艺性差。

隧道式气缸体的曲轴主轴承孔为整体式，主轴承孔较大，安装曲轴时需要从气缸体后部装入。其结构紧凑、刚度和强度好，但加工精度要求高，工艺性较差，曲轴拆装不方便。

当前有些新型发动机采用分段式气缸体，即将气缸体分为上下两部分，采用上下曲轴箱两段式设计，减少了发动机运行中的噪声和振动。

按照气缸排列方式来分，气缸体一般分为直列式、V形、水平对置式三种，如图3-1-42所示。

直列式发动机的各个气缸排成一列，一般是垂直布置的。直列式气缸体结构简单，加工容易，但发动机长度和高度较大。一般六缸以下发动机多采用直列式。

V形发动机的气缸排成两列，左右两列气缸中心线的夹角小于180°（V6发动机一般为90°，V8发动机一般为60°）。V形发动机与直列发动机相比，缩短了机体长度和高度，增加了气缸体的刚度，减少了发动机的质量，但加大了发动机的宽度，且形状较复杂，加工困难，一般用于八缸以上的发动机，六缸发动机也有采用这种形式的气缸体。另外，目前一些气缸数量在八缸以上的大功率发动机采用了W形结构，其特点与V形发动机相同。

水平对置发动机两组气缸的夹角为180°，其活塞在水平方向上进行往复运动，可以很容易地相互抵消发动机在水平方向上的振动，使发动机运转更平稳。而且，水平对置发动机的重心也比直列发动机和V形发动机要低，从而降低了整车的重心，增强了车辆的行驶稳定性。

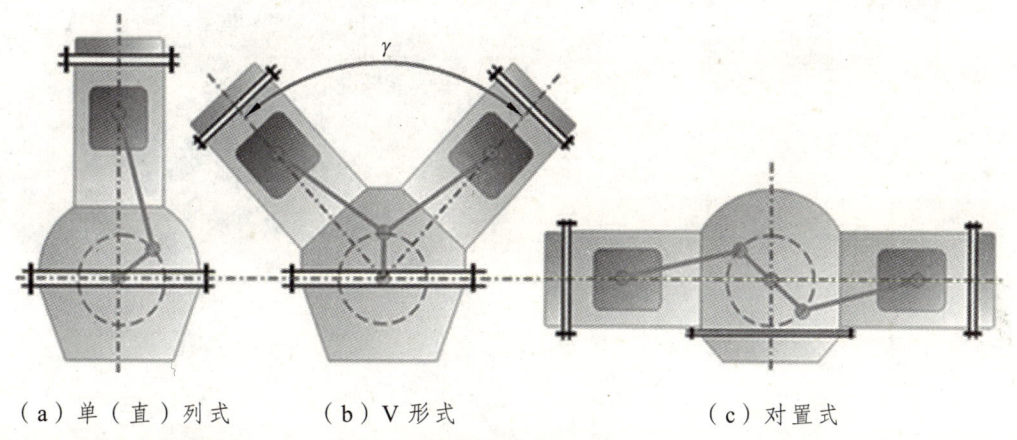

（a）单（直）列式　　　（b）V形式　　　（c）对置式

图3-1-42　气缸的排列形式

2. 气缸套

活塞在气缸内高速往复运动，气缸壁承受着活塞环的摩擦力。为了提高耐磨性，有些气缸体采用了淬火、镀铬等工艺，还有的发动机直接采用了成本高昂的优质复合材料来铸造气缸体。目前广泛应用的是在气缸体内镶入气缸套的结构，活塞不与气缸体接触，而是在气缸套中运动，这种结构大大提高了气缸体的使用寿命，尤其是铝合金气缸体。由于铝合金耐磨性较差，通常需要在气缸体内镶入气缸套，如图3-1-43所示。

气缸套采用耐磨性较好的合金铸铁或合金钢制造，以延长气缸使用寿命，而气缸体则可使用价格较低的普通铸铁或铝合金材料制造。气缸套根据是否与冷却液相接触，分为干式气缸套和湿式气缸套两种形式，如图3-1-44所示。

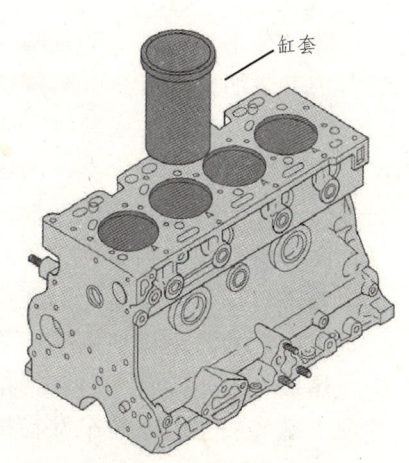

图3-1-43　气缸套

干式气缸套安装在气缸套座孔内,其外壁不与冷却液接触。干式气缸套的外圆表面和气缸套座孔内表面均须精细加工,一般采用过盈配合以保证配合精度。干式气缸套具有整体式气缸体的优点,其强度和刚度都较好,但加工比较复杂,散热性能较差,拆装也不方便。

湿式气缸套外壁与冷却液直接接触。其壁厚达 5~9 mm,以微小的装配间隙放入气缸中。湿式气缸套通常以上部凸缘的下平面为轴向定位、以外圆柱表面为径向定位。为防止漏水,气缸套下部设置有耐油耐热橡胶密封圈。大多数湿式气缸套装入气缸后,其顶面都高出气缸体上端面 0.05~0.15 mm,这样在紧固气缸盖螺栓时,可以将气缸衬垫压得更严实,以保证气缸的密封性。

湿式气缸套具有散热性能好、拆装方便、容易加工等优点,但是强度、刚度都不如干式气缸套好,易产生漏水现象。湿式气缸套多应用在柴油机上。

3. 气缸盖和燃烧室

气缸盖是配气机构的安装基体,也是气缸的密封盖,与气缸及活塞顶部组成燃烧室,如图 3-1-45 所示。气缸盖与高温高压燃气直接接触,承受气体压力和气缸盖螺栓的预紧力,具有较大的热负荷和机械负荷。为了保证气缸的密封性,气缸盖应具有足够的强度、刚度和散热特性,确保不会被轻易损坏和产生较大变形。

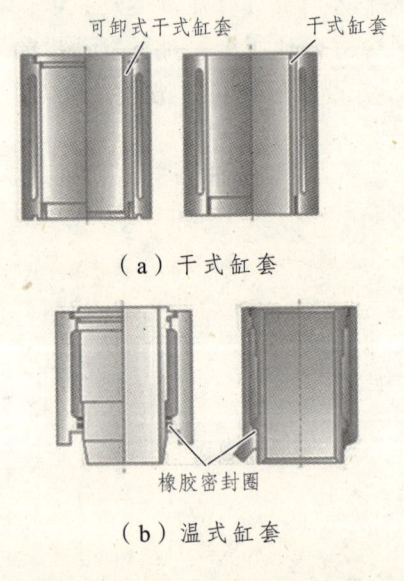

(a) 干式缸套

(b) 湿式缸套

图 3-1-44 干式、湿式缸套

图 3-1-45 气缸盖

现代车用汽油机气缸盖基本上都采用铝合金材料。部分柴油机上也有采用铝合金材料的,一般大功率柴油机气缸盖由灰铸铁或合金铸铁铸成。

气缸盖内侧是构成燃烧室的重要部分。燃烧室的形状对发动机的工作影响很大。对燃烧室基本要求为结构尽可能紧凑,散热面积小,使混合气在压缩终了时形成一定的气流运动,提高混合气燃烧速度。常见的三种汽油机燃烧室形状如图 3-1-46 所示。

楔形燃烧室结构简单、紧凑,散热面积小,热损失也小,充气效率高,配气机构简单,但火花塞置于楔形燃烧室高处,火焰传播距离长。

半球形和盆形燃烧室结构紧凑,火花塞布置在燃烧室中央,火焰行程短,燃烧速率高,散热少,热效率高,允许气门双行排列,进气口直径较大,充气效率较高,虽然配气机构较复杂,但有利于排气净化,在轿车发动机上被广泛应用。

盆形燃烧室气缸盖工艺性好,制造成本低,但因气门直径易受限制,进、排气效果要比半球形燃烧室差。

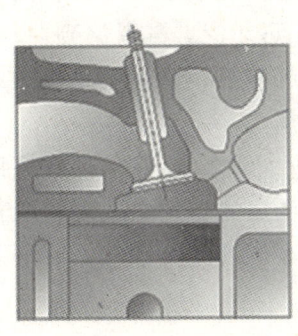 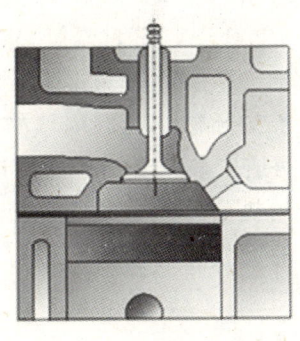 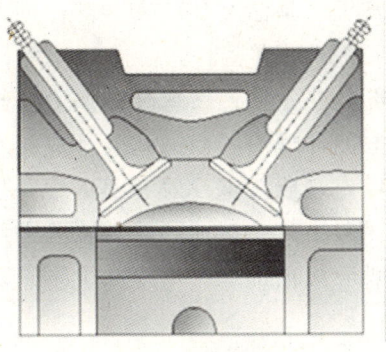

（a）楔形燃烧室　　　　　（b）盆形燃烧室　　　　　（c）半球形燃烧室

图 3-1-46　燃烧室形状

（二）活塞连杆组

活塞连杆组主要由活塞、活塞销、活塞环、连杆、连杆轴承等组成，如图 3-1-47 所示。

1. 活　塞

活塞分为活塞顶部、头部、裙部三部分，如图 3-1-48 所示。

（1）活塞顶部。

活塞顶部的形状通常有平顶、凸顶和凹顶三种，如图 3-1-49 所示。平顶活塞吸热面积小，制造工艺简单，广泛应用于汽油发动机，凸顶活塞强度和刚度较高，可以增大压缩比，但吸热面积大，多应用于二冲程发动机。凹顶活塞上加工或铸造的凹槽主要用来配合压缩比，另一个作用是当正时皮带断裂时保持活塞与气门之间有足够距离，避免活塞在上止点附近撞击气门，造成不必要的损失。

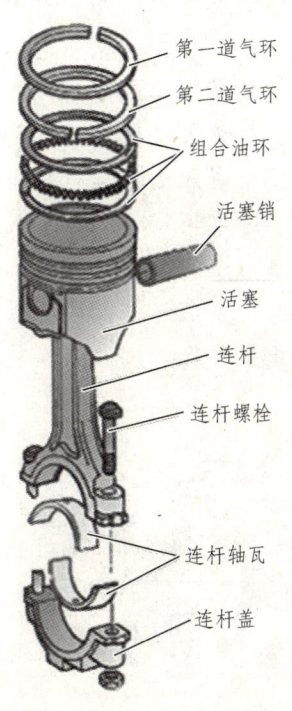

图 3-1-47　活塞连杆组

（2）活塞头部和活塞环槽。

活塞头部是活塞环的安装部位，通常是指第一道活塞环槽到活塞销孔以上的部分，又称防漏部。活塞头部具有密封和传热的作用，与活塞环一起密封气缸，防止可燃混合气泄漏到曲轴箱内，同时将部分热量通过活塞环传递到气缸壁。为减少活塞头部向裙部的传热，常采用一定的结构措施，如把油环槽内的回油孔设计成相对较长的环槽，起到隔热的作用。

现代内燃机活塞一般有三道槽（上面两道安装气环，下面一道安装油环），在油环槽底面上钻有许多径向小孔，被油环从气缸壁上刮下的机油经过这些小孔流回油底壳。第一道环槽工作条件差，一般应离顶部远些。为减少第一环槽的磨损，需要对其进行耐磨处理（镶嵌铸铁耐磨圈等）。

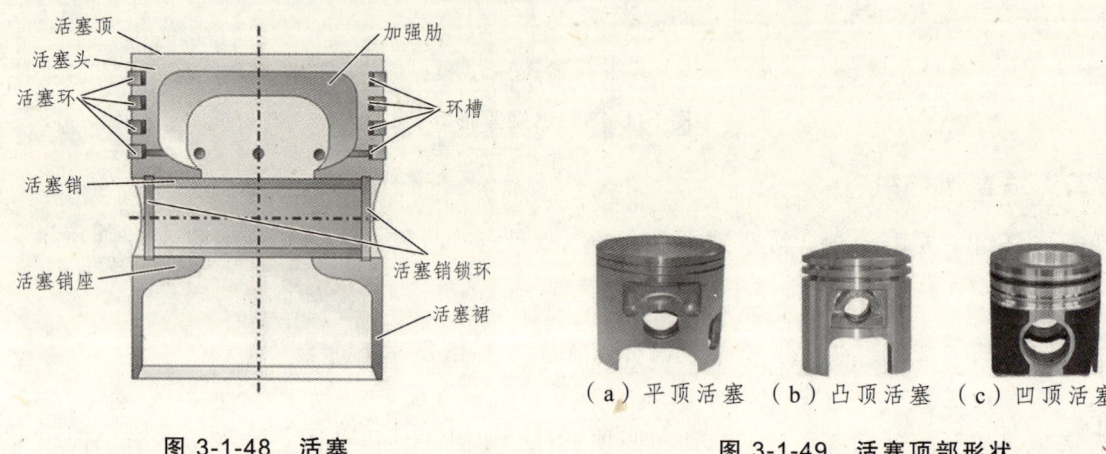

图 3-1-48 活塞

图 3-1-49 活塞顶部形状

（3）活塞裙部。

活塞裙部指从油环槽下端面起至活塞最下端的部分，包括装活塞销的销座孔。为了减少活塞的质量，高速发动机常将活塞销孔的位置设计得较为靠上。

活塞裙部对活塞在气缸内的往复运动起导向作用，并承受侧压力。活塞裙部的长短取决于侧压力和活塞直径。

为防止活塞卡住，需要在活塞与气缸壁间留出一定间隙。然而，间隙过大，冷车时活塞会敲击气缸壁，甚至漏气或窜机油。因此，必须设法使活塞各部位与气缸壁之间有大小合适的间隙。

气缸为圆柱形，为使活塞裙部两侧承受压力并与气缸保持小且安全的间隙，活塞在工作时也应保持圆柱形。然而，由于活塞裙部的厚度不均匀，在受热时活塞销座孔部分膨胀量大，沿活塞销座轴线方向的变形量大。同时，裙部承受侧压力的作用，导致沿活塞销轴方向变形量大。如果活塞冷态时裙部为圆形，工作时活塞就会变成一个椭圆，使活塞与气缸之间的圆周间隙不相等，造成活塞在气缸内卡住，发动机无法正常工作。因此，常将活塞裙部做成椭圆形，长轴方向与销座孔轴线垂直，如图 3-1-50 所示。

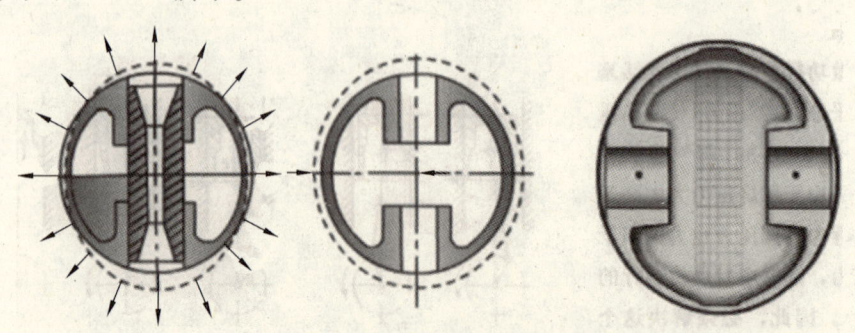

图 3-1-50 活塞裙部变形及结构

2. 活塞销

活塞销用来连接活塞与连杆，分为全浮式和半浮式两种结构，如图 3-1-51 所示。

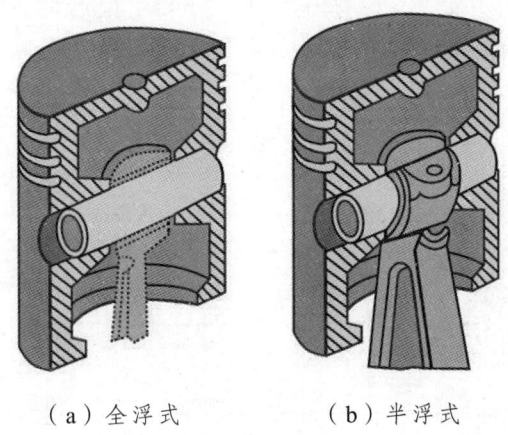

（a）全浮式　　　（b）半浮式

图 3-1-51 活塞销的安装

（1）全浮式活塞销。

全浮式活塞销与连杆小头和活塞销座之间都能够相对运动，可以保证连接部件的摩擦面磨损均匀。为了防止全浮式活塞销轴向窜动刮伤气缸壁，在活塞销两端装有定位卡环。

（2）半浮式活塞销。

半浮式活塞销只能在活塞销座孔内转动，活塞销与连杆小头为过盈配合，在连杆小头内不能转动。为了减小质量，活塞销一般是空心的。

3. 活塞环

活塞环的作用是密封燃烧室，防止高压气体从活塞处泄漏；刮除气缸壁多余机油，并在气缸壁涂抹一层均匀的油膜；将活塞的热量传递到缸壁上，并通过冷却系统进行散热。活塞环按功能分为气环和油环两种类型，气环位于活塞上部，油环位于气环之下，如图 3-1-52 所示。

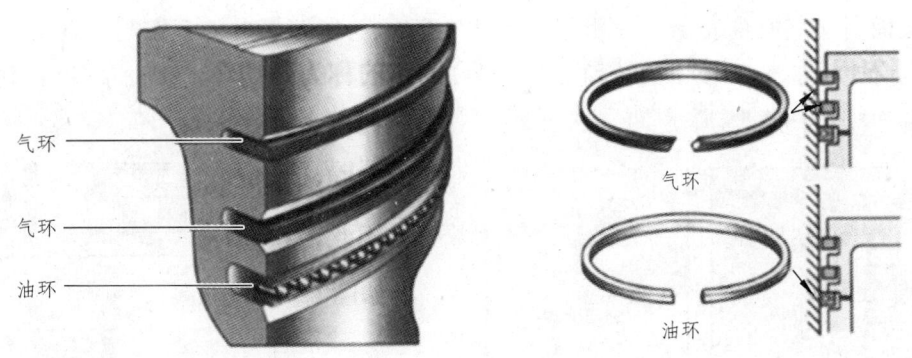

图 3-1-52 活塞环

（1）气环。

气环用来封闭燃烧室，防止混合气通过活塞与气缸壁间的缝隙进入曲轴箱。气环一般都标有标记来指示安装方向，安装时必须将有标记的一面朝向活塞顶部。为了避免可燃混合气从活塞环的开口间隙中漏出去，在装配时应将各道气环的开口方向互相错开一定的角度。由于活塞环在自由状态下不是正圆形，其外廓尺寸比气缸直径大，当活塞环装入气缸后，在其自身的弹力作用下环的外圆面与气缸壁紧贴从而形成垂直密封面。

如图 3-1-53 所示,当活塞下行时,活塞环紧贴活塞环槽上端面,形成水平密封面。同理,活塞上行时也能形成水平密封面。由于采用了多道活塞环,且环的开口相互错开,形成迷宫式漏气通道,气体在通道内的流动阻力很大,气体压力迅速下降,最后漏入曲轴箱内的气体就非常少了,一般仅为进气量的 0.2%~1.0%。

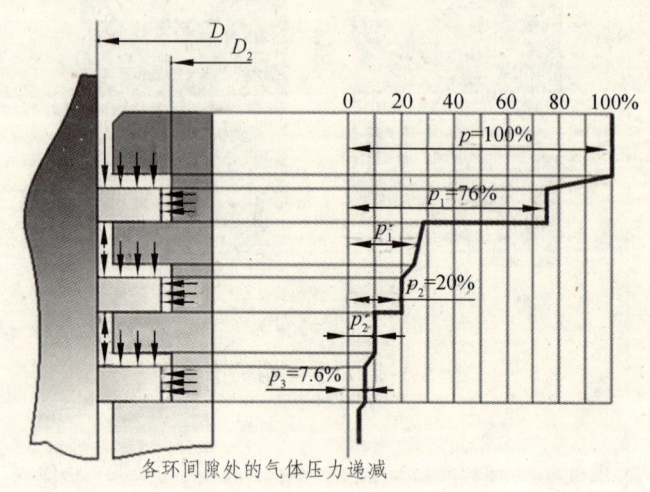

图 3-1-53 气环密封原理

(2)活塞环侧隙、背隙和端隙。

为了防止活塞环受热膨胀卡死在气缸内,活塞环设计有三种间隙,即活塞环侧隙、背隙和端隙。活塞环与环槽端面之间的间隙称为侧隙,活塞环宽度与环槽深度的差值称为背隙,活塞环在上止点时环的开口间隙为端隙。活塞环三隙如图 3-1-54 所示。

活塞环对三隙的要求非常高,如果三隙过大会导致密封性变差;如果三隙过小,活塞环受热膨胀可能会在环槽内形成卡滞,导致发动机故障。

(3)活塞环截面。

气环的截面对于气缸的密封和润滑影响很大,不同的发动机对气环密封性的要求也不同,其气环的截面也有差异。气环根据其截面形状分为矩形环、锥面环、扭曲环、梯形环和桶面环。这几种气环的截面如图 3-1-55 所示。

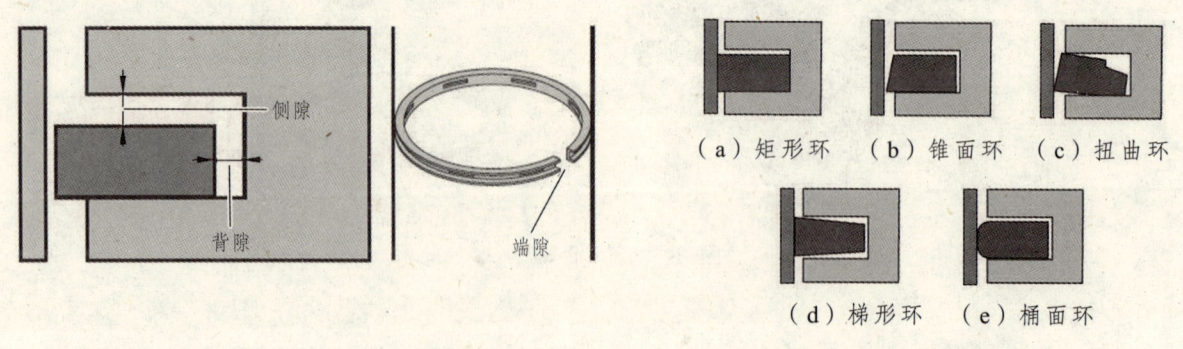

图 3-1-54 活塞环的三隙　　图 3-1-55 活塞环截面

① 矩形环。

矩形环的断面为矩形,结构简单,制造方便,易于生产,但是矩形环随活塞往复运动时,会把气缸壁面上的机油不断送入气缸中,这种现象称为气环的泵油现象,如图 3-1-56 所示。

活塞下行时，气环由于与气缸壁的摩擦阻力及惯性被压靠在环槽的上端面上，气缸壁面上的机油被刮入下边隙和内边隙。活塞上行时，气环又被压靠在环槽的下端面。第一道环背隙里的机油会进入燃烧室，窜入燃烧室的机油在燃烧室内形成积炭，造成机油的消耗量增加，同时上窜的机油还可能在环槽内形成积炭，使气环在环槽内卡死而失去密封作用，严重时可能会导致气缸壁被划伤和折断。现在，广泛采用非矩形断面的扭曲环来消除或减少有害的泵油作用。

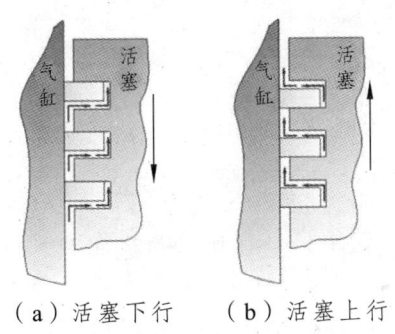

(a) 活塞下行　　(b) 活塞上行

图 3-1-56　矩形环的泵油

② 扭曲环。

扭曲环是在矩形环的内圆上边缘或外圆下边缘切去一部分，使断面呈不对称形状。在环的内圆部分切槽或倒角的称为内切环，在环的外圆部分切槽或倒角的称为外切环。

扭曲环装入气缸后，由于断面不对称，产生不平衡力的作用，使活塞环发生扭曲变形。活塞上行时，扭曲环在残余油膜上浮动，可以减小摩擦；活塞下行时扭曲环向下刮油，可以避免机油烧掉。同时由于扭曲环在环槽中上、下跳动的行程缩短，可以减轻"泵油"的副作用。因此，扭曲环广泛地应用于第二道活塞环槽上。安装时必须注意断面形状和方向，内切口朝上，外切口朝下，如图 3-1-57 所示。

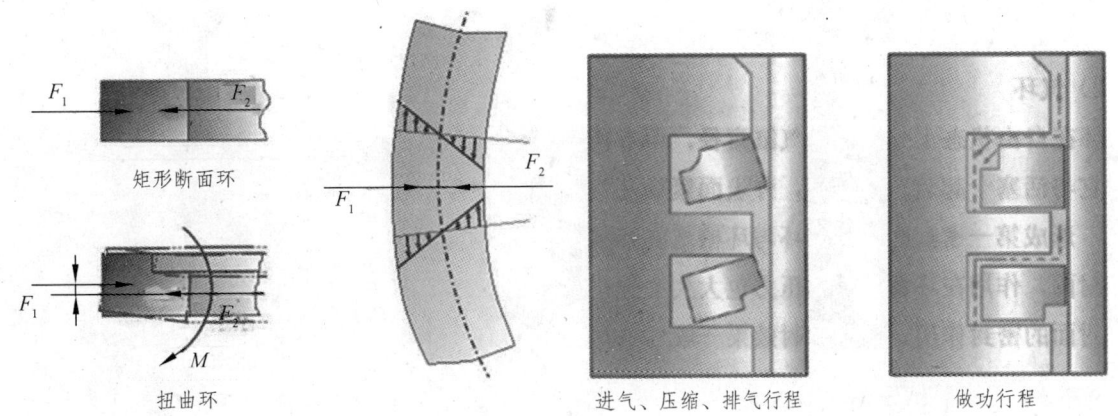

图 3-1-57　扭曲环工作示意图

(4) 油环。

油环安装在气环之下，用来刮落附着在气缸壁上的润滑油，防止机油进入燃烧室，如图 3-1-58 所示。其刮落的润滑油流回油底壳或者用来润滑活塞销，油环按结构分为普通环和组合环，如图 3-1-59 所示。

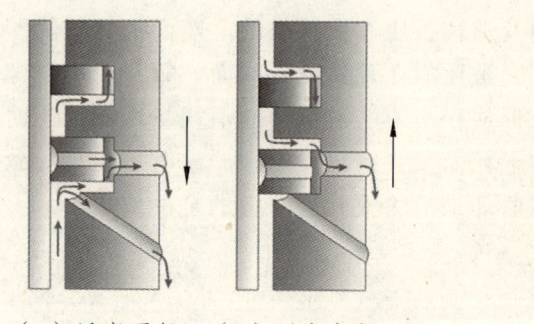

（a）活塞下行　（b）活塞上行

图 3-1-58　油环刮油作用

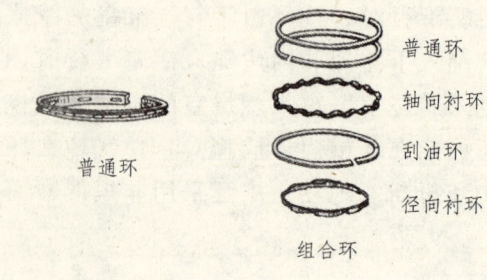

图 3-1-59　油环

4. 连杆

连杆组连接着活塞组与曲轴飞轮组，其作用是将活塞承受的力传给曲轴，将活塞的往复运动转变为曲轴的旋转运动。

连杆组由连杆大头、连杆杆身和连杆小头三部分组成，其结构如图 3-1-60 连杆大头包括连杆轴承、轴承盖、螺栓及螺母等部件；连杆小头包括衬套及连杆销孔。

连杆小头孔用来安装活塞销，以连接活塞。在全浮式连接的连杆小头孔内有耐磨的青铜衬套或铁基粉末冶金衬套。为了润滑衬套，连杆小头和衬套上一般铣有储存飞溅润滑油的油槽或油孔，小头油孔正好通在两衬套之间的间隙中，润滑油可以由油孔进入衬套内表面，润滑衬套和活塞销。有的在连杆杆身内部钻有纵向的压力油通道，以对小头进行压力润滑。

连杆杆身通常做成"工"字形断面，从而在质量尽可能小的情况下提高其抗弯强度。连杆杆身质量小，大圆弧过渡，且上小下大。

汽油机一般采用分开式连杆大头，连杆大头的连杆轴承是分开的，与杆身分离的一半称为连杆轴承盖，二者靠连杆螺栓连接为一体。

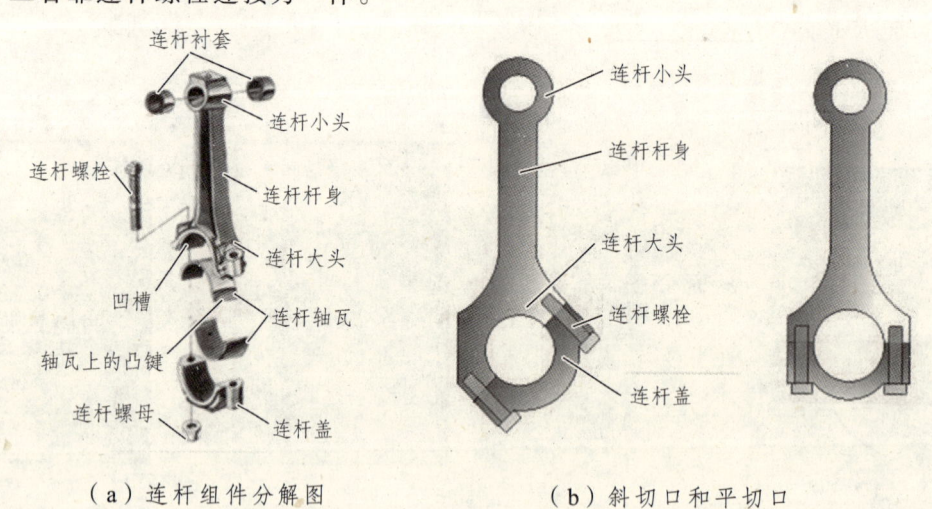

（a）连杆组件分解图　　　　　（b）斜切口和平切口

图 3-1-60　连杆组结构

5. 连杆轴承

连杆轴承是连杆大头孔内装有的瓦片式滑动轴承，用来保护连杆轴颈及连杆大头孔，防止其过度磨损，如图 3-1-61 所示。连杆轴承上均制有定位凸键，安装在连杆大头和连杆盖的定位凹槽中，以防止连杆轴承在工作中发生转动或轴向移动。连杆轴承内表面的耐磨层由厚 0.3～0.7 mm 的薄层耐磨合金制成，耐磨合金具有保持油膜、减少摩擦阻力和易于磨合的作用。另外，其内表面还加工有润滑油孔和油槽，油孔用来润滑轴承，油槽用来储存润滑油，以保证可靠的润滑。

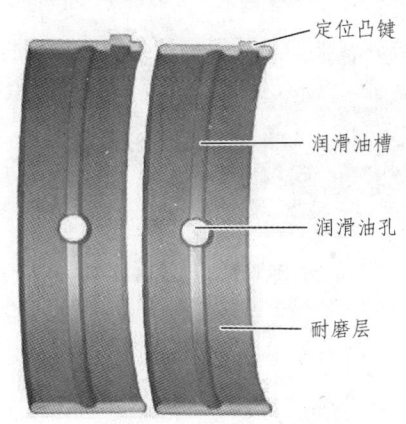

图 3-1-61　连杆轴承

（三）曲轴飞轮组

曲轴飞轮组主要由曲轴、飞轮和一些附件等组成，如图 3-1-62 所示。

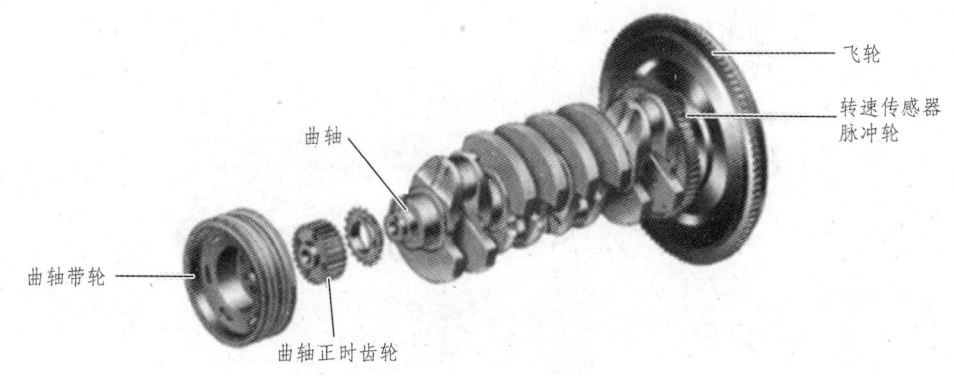

图 3-1-62　曲轴飞轮组

1. 曲　　轴

曲轴把活塞连杆组传来的气体作用力转变为旋转的动力，用以驱动汽车传动系统、发动机的配气机构和其他辅助装置，如水泵、机油泵、发电机、风扇等。

（1）曲轴工作条件及要求。

曲轴高速旋转时，承受周期性变化的气体作用力、惯性力及其力矩的共同作用，受力大且复杂，承受弯曲、扭转等交变载荷的冲击。因此，曲轴需要保证足够的刚度和强度，具有良好的抗冲击载荷能力和抗弯曲、抗扭转疲劳强度，且轴颈应有足够的承压面，耐磨损和润滑良好。

（2）曲轴的材料及加工。

曲轴一般由 45，40Cr，35Mn2 等中碳钢和中碳合金钢模锻而成，轴颈表面经高频淬火或氮化处理，最后进行精加工。现代汽车发动机广泛采用球墨铸铁曲轴。球墨铸铁价格便宜，耐磨性能好，轴颈不需硬化处理，同时金属消耗量少，机械加工量也少。为提高曲轴的疲劳强度，消除应力集中，轴颈表面应进行喷丸处理，圆角处要经滚压处理。

（3）曲轴结构。

曲轴结构如图 3-1-63 所示，包括曲轴前端、曲轴后端和多个曲拐。曲轴的前端又称自由端，装有正时齿轮驱动配气机构，还装有皮带轮用以驱动发电机、风扇、水泵、空调压缩机等附件。后端又称为动力输出端，用于安装飞轮。

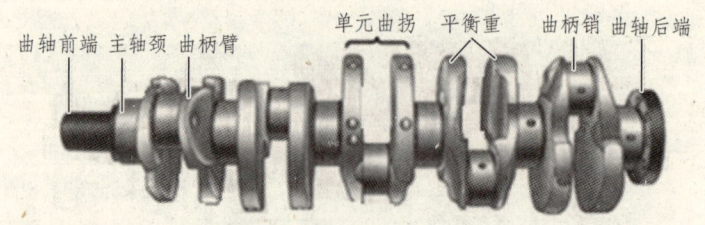

图 3-1-63　曲轴结构

① 曲拐。

一个连杆轴颈（曲柄销），左、右两个曲柄臂和左、右两个主轴颈构成一个曲拐，曲轴由若干个曲拐组成，直列发动机曲拐数等于气缸数，V形发动机曲轴的曲拐数等于气缸数的一半。将若干个曲拐按照一定的相位连接起来，加上曲轴的前端和后端等便组成一根曲轴。

② 主轴颈。

曲轴通过主轴承支承在曲轴箱的主轴承座中。主轴承的数目不仅与发动机气缸数目有关，还取决于曲轴的支承方式。曲轴的支承方式有全支承和非全支承两种，如图3-1-64所示。

（a）全支承曲轴

（b）非全支承曲轴

图 3-1-64　曲轴的支撑形式

全支承曲轴的主轴颈数比气缸数目多一个，即每一个连杆轴颈两边都有一个主轴颈。这种支承的曲轴强度和刚度都比较好，减轻了主轴承载荷和磨损。柴油机和大部分汽油机采用这种形式。

非全支承曲轴的主轴颈数比气缸数目少或与气缸数目相等，虽然这种支承的主轴承载荷较大，但缩短了曲轴的总长度，使发动机的总长度减小。某些汽油机由于承受载荷较小可以采用这种形式。赛车用发动机为减少摩擦阻力，增大功率，往往会忽略耐用性而采用此方式。

③ 连杆轴颈。

连杆轴颈又称为曲柄销，是曲轴与连杆的连接部分，通过曲柄与主轴颈相连，在连接处用圆弧过渡，以减少应力集中。直列发动机的连杆轴颈数目和气缸数相等，V形发动机的连杆轴颈数等于气缸数的一半。

发动机主轴颈和曲柄销是实心的，为减小曲轴的质量和旋转惯性力，有些发动机的主轴颈或曲柄销也被做成空心的。

④ 曲柄。

曲柄是主轴颈和连杆轴颈的连接部分。为了平衡离心力矩，曲柄处配置平衡重。平衡重还可以平衡一部分活塞往复惯性力，使曲轴旋转平稳。

曲轴的形状和曲拐相对位置取决于气缸数、气缸排列和发动机的点火顺序。多缸发动机的点火顺序有以下要求：连续做功的两缸相距尽可能远，以减轻主轴承的载荷，避免可能发生的进气重叠现象；做功间隔应力求均匀，即发动机在一个工作循环内，每个气缸都应点火做功一次且分布均匀；V形发动机左右两列气缸应交替点火。

四冲程发动机完成一个工作循环曲轴转两圈，转角为720°，在曲轴转角720°内发动机的每个气缸应该点火做功一次，且点火间隔角均匀。因此，四冲程发动机的点火间隔角为$720°/i$，i为气缸数目。即曲轴每转 $720°/i$，一缸做功，保证发动机运转平稳。各缸按照一定的顺序工作，即为发动机的工作顺序，也叫作发动机的点火顺序。

a. 四冲程四缸发动机的点火顺序和曲拐布置。

为使曲轴获得均匀的转速，工作平稳柔和，四冲程四缸发动机的点火间隔角为180°，即曲轴每转半圈做功一次，四个缸的做功行程交替进行，在720°内完成。四缸发动机四个曲拐布置在同一平面内。1和4缸同向，2和3缸同向，并错开180°，其点火顺序有两种，1—3—4—2或1—2—4—3，如图3-1-65所示。

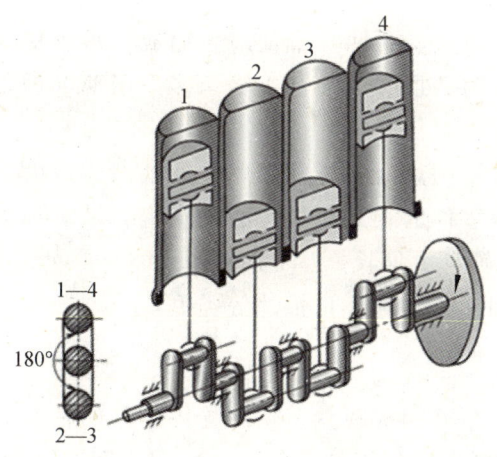

图 3-1-65　四缸四冲程发动机曲拐布置

b. 四冲程直列六缸发动机的点火顺序和曲拐布置。

四冲程直列六缸发动机的点火间隔角为120°，六个曲拐布置在三个平面内。其点火顺序有两种，1—5—3—6—2—4或1—4—2—6—3—5，如图3-1-66所示。

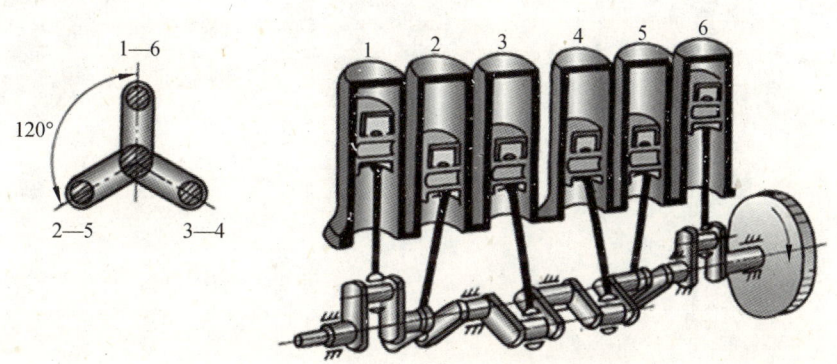

图 3-1-66　六缸四冲程发动机曲拐布置

c. 四冲程 V 形八缸发动机的点火顺序和曲拐布置。

四冲程 V 形八缸发动机的点火间隔角为 90°，V 形发动机左右两列中对应的一对连杆共同用一个曲拐，因此 V 形八缸发动机只有 4 个曲拐，曲拐布置在同一平面内。其点火顺序有为 1—8—4—2—6—5—7—3，如图 3-1-67 所示。

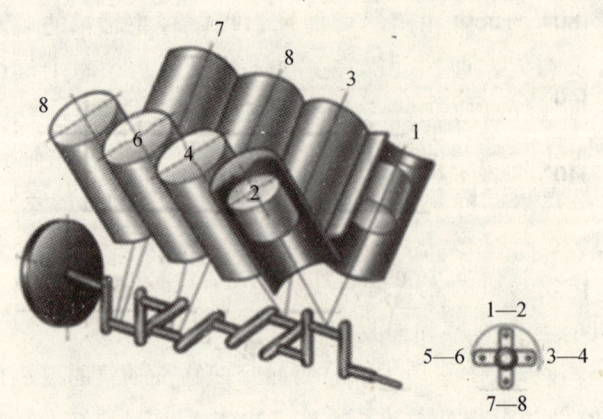

图 3-1-67　四冲程 V 形八缸发动机曲拐布置

2. 主轴承

主轴承与连杆轴承一样，由上、下两片轴瓦对合而成，承受交变载荷和高速摩擦，应具有足够的抗疲劳强度，且摩擦小、耐磨损和腐蚀。主轴承多采用薄壁钢背轴瓦，内表面浇铸有耐磨合金层。

发动机工作时，曲轴经常受到离合器施加于飞轮的轴向作用力而具有轴向窜动的趋势。曲轴的窜动将破坏曲柄连杆机构各零件的相对位置，必须用推力轴承加以限制。一般采用滑动轴承。当曲轴受热膨胀时，应允许曲轴自由伸长，所以曲轴上只能有一处设置轴向定位装置。如图 3-1-68 所示，滑动推力轴承有翻边轴瓦、半圆环止推片等类型。

3. 飞　轮

飞轮是一个较重的铸铁或精冲钢板圆盘，用螺栓固定在曲轴后端的接盘上，转动惯量大，用来储存做功行程的能量，克服进气、压缩和排气行程的阻力和其他阻力，使曲轴尽量均匀地旋转，如图 3-1-69 所示。

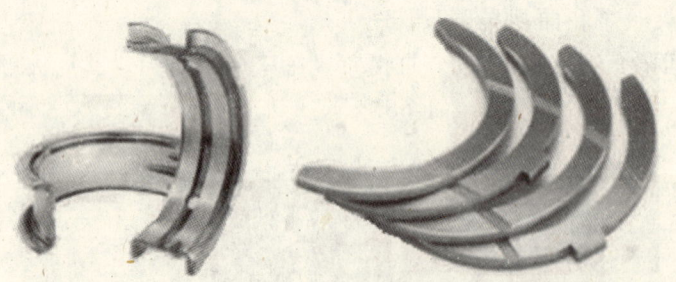

图 3-1-68　止推轴承结构

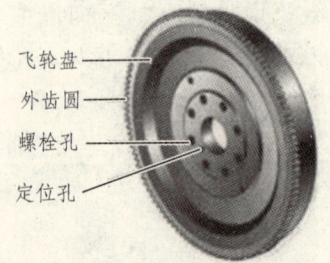

图 3-1-69　飞轮的结构

学习任务四　发动机润滑系统检修学习任务设计方案

专业名称	汽车技术服务与营销	一体化课程名称	发动机故障检修
学习任务	发动机机油灯常亮故障检修	建议学时	12
工作情景描述	王先生所驾驶的卡罗拉汽车在行驶过程中，机油压力指示灯点亮，现车辆进厂维修，技术人员初步诊断为机油压力不正常。作为未来的维修人员，我们将会按照维修工单和车间作业流程，在教师的指引下，按照维修手册的要求，制订维修方案，对本故障进行规范拆检，确定故障部位，排除故障，恢复车辆性能并最终检验合格后交付前台		
学习任务描述	在教师的指导下确认故障现象，接受故障排除任务后学习润滑系统的结构组成及工作原理并完成相关工作页的填写，对润滑系统相关部件进行检测确定故障部位，制订维修方案排除故障并竣工检验合格，交付车辆后进行总结、评价		
与其他学习任务的关系	在汽车维护保养学习任务中已了解了发动机基本维护，在了解汽车发动机基本结构的基础上完成本学习任务，通过本学习任务的学习为汽车发动机检修的其他学习任务打下基础		
学生基础	学生已经完成了汽车维护、保养的操作知识，对汽车发动机各系统的结构认识有了一定的了解		
学习目标	1.知识 （1）能通过维修手册及网络资源检索润滑系统故障相关信息。 （2）能描述润滑系统的作用、结构组成和工作原理。 （3）能描述工、量具的使用方法。 （4）能描述润滑系统常见故障原因和排除方法。 2.技能 （1）能正确确认故障现象并初步分析故障原因。 （2）能查阅维修手册制订拆装检修步骤，并进行展示点评。 （3）能在教师的指引下，按照故障检修流程，拆检相关零部件，确定故障部位并最终排除故障后进行总结评价。 （4）能拆装润滑系统零部件，按要求进行检查与调整，进行零部件检测并判断性能。 （5）能使用量具正确测量零部件，依据维修手册进行零部件性能判断。 3.素养 （1）能在团队作用下独立或协作完成故障检修、总结评价等任务。 （2）能遵守工作过程的7S检验和职业能力展示评价		
学习内容	（1）学习安全操作规程及7S现场管理规定。 （2）维修手册的使用。 （3）游标卡尺、机油压力表的使用。 （4）零部件拆装，性能参数检测及判断。 （5）润滑系统的作用、结构组成及工作原理。 （6）润滑系统拆装检测。 （7）机油泵拆装检测。 （8）润滑系统故障检测及排除。 （9）与他人沟通合作，获取信息，对学习与工作进行总结，展示评价		

续表

教学条件	维修手册、安全操作规程、车间管理制度、7S 管理规范制度、普通拆装工具、万用表、发动机电控系统实训台架、气门拆装钳、外径千分尺、游标卡尺、磁性表座、车辆、举升机等
教学组织形式	教学组织形式：小组学习 1.情景再现 教师组织学生以小组的形式观察润滑系统故障现象，初步检测，明确学习任务。 2.初步分析 小组利用工作页和相关知识分析润滑系统故障现象及原因。 3.制订方案 学生分组分析故障原因，制订维修步骤方案并展示评价。 4.实施方案 小组进行发动机润滑系统的零部件拆装检测，排除故障，工作过程实行自检、互检和终检三级检验。 5.评价反馈 小组总结、评价，实行自评、互评、教师点评综合评价
教学流程与活动	教学流程 复习与提问→再现情景→任务导入→任务分配→任务实施→评价反馈。 学习活动 | 学习活动 | 发动机机油灯常亮故障检修 | 12学时 |
评价内容与标准	1．专业能力评价标准 （1）规范使用工量具和检测设备。 （2）通过参数检测判断润滑系统零部件性能。 （3）查阅维修手册，分析故障原因，完成鱼骨图。 （4）按照故障检修流程排除故障并总结排除故障思路。 （5）描述润滑系统的作用、结构组成和工作原理。 （6）描述维修手册查阅方法和思路。 （7）描述各类机油泵结构类型和工作特点。 （8）工作过程的自检、互检、终检和7S监督，执行安全操作，做好安全防护。 2．社会能力评价标准 （1）收集资料、方案制作能力（PPT制作能力、图案绘制能力）。 （2）展示表达能力，沟通交流能力，团队协作能力。 （3）观察分析相互评价、相互肯定与提升的能力。 3．方法能力评价标准 （1）维修手册使用方法。 （2）通过维修手册和网络资源有效获得支撑资料的方法。 （3）通过维修资料和场地资源，小组、教师等团队资源解决问题的方法

学习活动　发动机机油灯常亮故障检修

一、学习目标

（1）能够在教师的指引下，查阅资料，完成发动机润滑系统组成的信息检索。
（2）能够根据操作要点，规范填写维修工单，合理分配人员，并具体实施。
（3）能查阅相关资料或运用网络资源，掌握润滑系统机油的种类、性能以及机油选用注意事项。
（4）能够建立初步诊断思路，分析润滑系统故障现象和原因，并列举简要检测步骤。
（5）能够在实车或台架认知润滑系统元件，并描述各部件的名称、作用和安装位置。
（6）能根据维修方案，查阅维修手册或其他资源，正确拆检发动机润滑系统的零部件。
（7）能规范正确地更换发动机机油泵，会不同类型机油泵的检修方法。
（8）能根据维修手册进行润滑系统故障排除确认，参照企业要求对车辆进行完工检验。
（9）能够执行活动过程的7S管理要求。
（10）能够按职业能力评价要求进行展示评价。

二、学习准备

设备：卡罗拉发动机实训台架或整车、机油压力表等。
常用工量具：工具车1套，配备常用梅花扳手、套筒扳手、螺丝刀、游标卡尺、塞尺等。
油料、材料：机油滤清器、机油、碎布、机油试纸等。
资料：网络资源、维修手册、维修工单、安全操作规程。
分组：每组5~6人，小组讨论后，由组长按岗位分配人员。

三、学习内容

发动机机油灯常亮故障检修学习活动如图4-1-1所示。

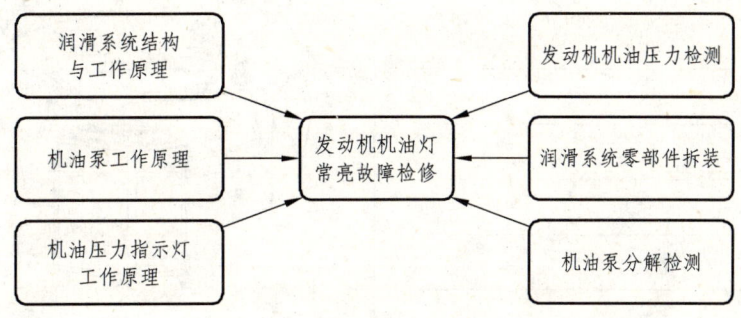

图4-1-1　学习活动

四、引导问题

（1）发动机润滑系统由_____、_____、_____、_____、_____、_____、_____等组成。

（2）发动机润滑方式有_____、_____、_____三种。

（3）机油泵的作用是_____。

（4）常见机油泵结构有_____、_____、_____三种。机油泵由_____驱动，需消耗部分发动机功率。

（5）发动机润滑系统中常见的滤清装置有_____和_____。

（6）集滤器安装于_____吸油管与机油泵入口相连接。主要作用是_____。

（7）常见机油滤清器其材料多是_____，结构形式一般有_____和_____两种。全流式滤清器与发动机机油泵和主油道_____。分机油滤清器与_____一同更换。

（8）机油泵的供油量与其_____有关，而机油泵的转速与发动机转速成_____。为防止机油压力过高，在润滑油路中设置有_____控制最大机油压力。其安装位置一般位于_____或_____。

（9）机油的主要作用是_____、_____、_____、_____。机油根据基础油的不同可以分为_____、_____、_____。

（10）我国的汽油机机油按 API 质量分级法分为_____、_____、_____、_____、_____、_____、_____七个质量等级。按 SAE 黏度分类法有_____、_____、_____、_____和_____、_____、_____、_____，标号越大，_____。带有"W"字样的机油是_____。带有 15W/40 字样的机油是_____。

五、学习过程

1. 填写维修工单

（1）根据学习活动拆分活动环节或步骤制订相关维修作业计划。

（2）小组讨论分工填写维修工单——附件。

查阅维修手册及相关资源，参考操作规范图（见图 4-1-2），列举发动机润滑系统检修和及机油压力表使用的注意事项：

_____
_____
_____
_____
_____

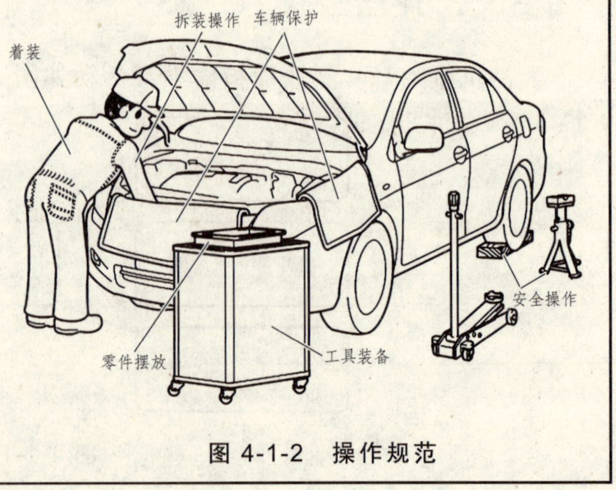

图 4-1-2 操作规范

2. 确认故障现象

（1）起动发动机，观察发动机仪表指示灯确认故障现象完成表 4-1-1。结合维修手册进行发动机机油初步检查，并利用机油压力表检测发动机机油压力。

表 4-1-1 机油压力指示灯检查

项目	检查结果	"检查结果"填写说明	初步判断
机油压力指示灯		常亮/不亮/起动后熄灭	

（2）机油液位检查。

查阅卡罗拉维修手册，检索关于润滑系统的检修相关信息，写出发动机机油液位检查操作步骤及注意事项。

① 机油液位检查所在维修手册的页码是_____。

② 机油液位检查步骤及注意事项：
_____
_____

③ 机油液位检查。

参照图 4-1-3 中机油液位位置，检查发动机机油液位是否正常，并在油尺图上标示出机油实际位置。

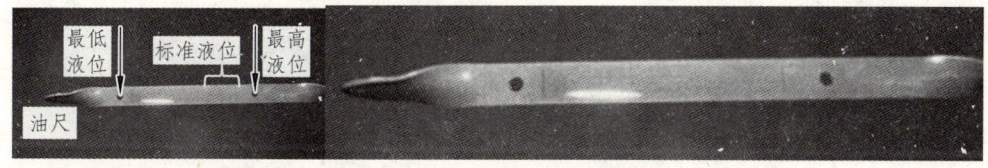

图 4-1-3 机油液位位置

（3）机油压力检测。

① 机油压力检查所在维修手册的页码是_____。压力表安装于发动机_____。

② 参照图 4-1-4 对发动机进行机油压力检测，并完成表 4-1-2。

表 4-1-2 机油压力检测

发动机状态	急速	3 000 r/min
标准值		
测量值		
结果（正常/不正常）		

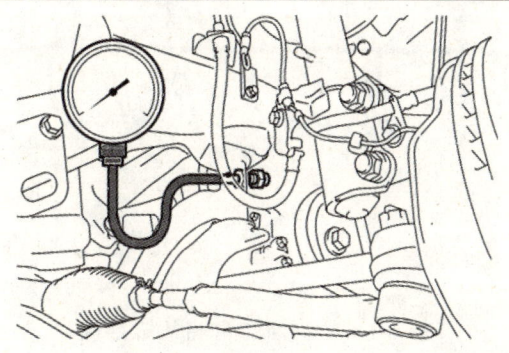

图 4-1-4 机油压力检测

3. 润滑系统零部件认知

查阅卡罗拉维修手册"1ZR-FE/2ZR-FE 润滑系统",认知系统零部件,检索润滑系统相关零部件元件位置分布的相关信息。

(1)指出图 4-1-4 中发动机润滑系统零部件所在位置的检索路径:_____
_____
_____
_____。

(2)查阅维修手册,在图 4-1-5 括号内写出零件名称,并在图中方框处写出对应零部件名称,圆圈内写出其固定螺栓的拧紧力矩及螺栓数量。

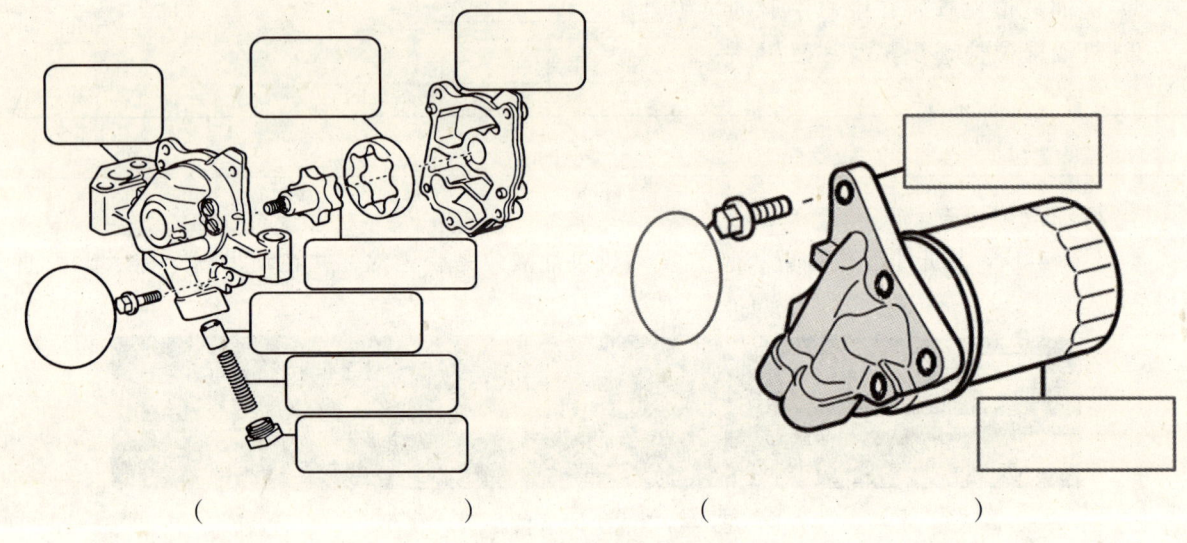

(   )   (   )

图 4-1-5 零部件示意

4. 完成鱼骨图

参照维修手册和相关资料,分析可能导致机油灯常亮的故障原因并展示,按先后顺序填写鱼骨图 4-1-6。

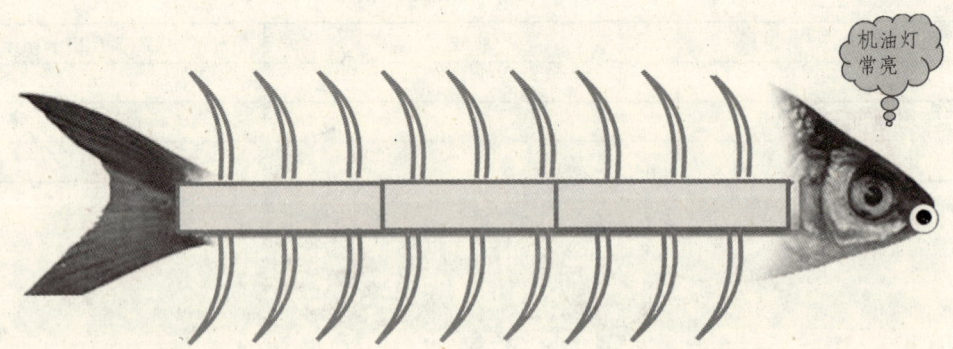

图 4-1-6 机油灯常亮故障原因

5. 发动机润滑系统拆装检修

（1）查阅卡罗拉维修手册"1ZR-FE/2ZR-FE 润滑系统"部分，制订润滑系统检修拆装步骤，写出维修过程中安全注意事项及不可重复使用的零件，并进行展示。

（2）参照维修手册及所制订的检修方案，拆卸发动机分总成，并检测润滑系统相关零部件。

① 发动机相关附件拆卸。

② 发动机配气正时传动机构拆卸。

③ 拆卸 2 号链条分总成。

2 号链条分总成拆卸步骤：

_____
_____
_____
_____
_____
_____
_____
_____
_____
_____

④ 拆卸 2 号油底壳分总成。

结合实物回答以下问题：

图 4-1-7 中有螺栓____颗，螺母____颗。拆装放油螺栓使用的工具为_____。

参照图 4-1-8 将 SST 的刃片插入曲轴箱和油底壳之间，切断密封胶并拆下油底壳。

注意事项：_____。

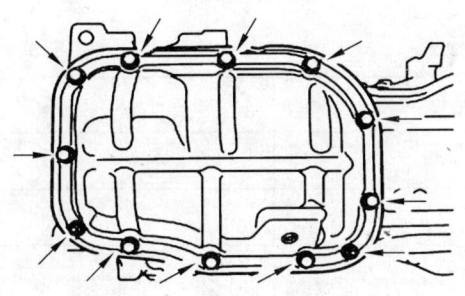

图 4-1-7　2 号油底壳

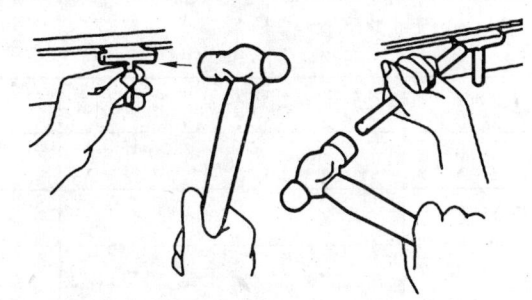

图 4-1-8　曲轴箱和油底壳分解示意

⑤ 拆卸机油泵总成。

结合实物回答以下问题：

图 4-1-9 中有螺栓_____颗，其固定螺栓长度_____（全部相同/不相同）。

图中圆圈处零部件名称是_____。

（3）检修发动机机油泵。

① 检查机油泵减压阀如图 4-1-10 所示。

减压阀检查方法：

_____

_____

_____

检查结果：_____（正常/不正常）。

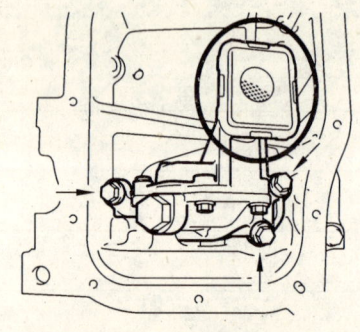

图 4-1-9 机油泵示意

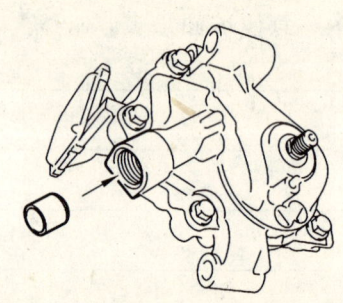

图 4-1-10 机油泵减压阀示意

② 参照图 4-1-11 检查机油泵转子，将检测结果填写在表 4-1-3 内，并判断其性能。

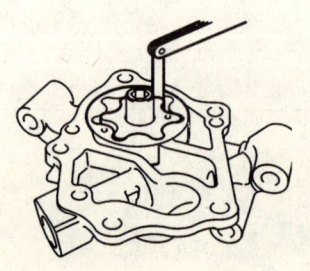

（a）主动转子、从动转子顶部间隙

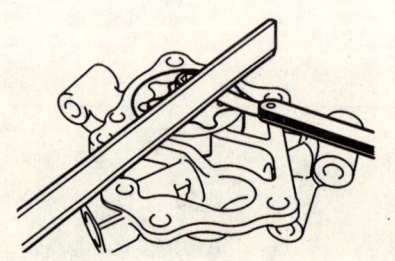

（b）转子、壳体间端隙

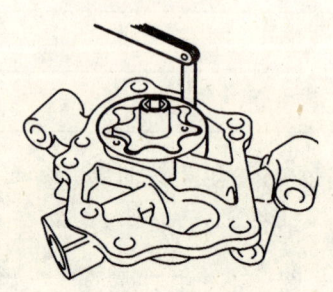

（c）从动转子、机油泵体间隙

图 4-1-11 机油泵转子检查

表 4-1-3 机油泵检查 单位：mm

检测部位	主动转子、从动转子顶部间隙	转子、壳体间端隙	从动转子、机油泵体间隙
标准值			
检测值			
检测结果			
机油泵性能：			

6. 发动机装配

（1）安装机油泵总成。

如图 4-1-12 所示用 3 个螺栓安装机油泵，将螺栓紧固 21 N·m，确保安装牢固可靠。

_____

_____

（2）安装油底壳。

图 4-1-13 中 A 表示：_____。

图 4-1-13 中 B 表示：_____。

请写出密封胶使用注意事项：

_____

_____

请写出油底壳安装注意事项：

_____

油底壳紧固螺栓力矩为_____ N·m。

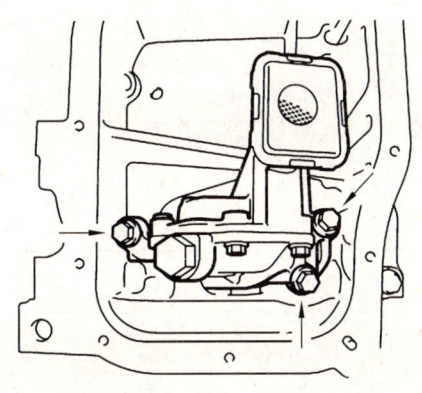

图 4-1-12 机油泵安装示意

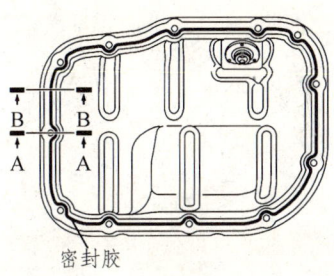

图 4-1-13 油底壳安装示意

（3）安装 2 号链条分总成。

① 按图 4-1-14 所示设置曲轴键。

② 转动驱动轴以便切口朝向右水平位置。

③ 如图 4-1-14 所示，使黄色链条标记对准每个齿轮的正时标记。

④ 用齿轮上的链条将链轮安装到曲轴和机油泵轴上。

⑤ 用螺母暂时紧固机油泵主动轴链轮。

⑥ 将减振弹簧插入到调节孔，然后用螺栓安装链条张紧器盖板。螺栓力矩：_____。

⑦ 将机油泵主动轴链轮的调节孔对准机油泵槽。

⑧ 将一个直径为 4 mm 的杆插入机油泵主动轴齿轮的调节孔以便将齿轮锁定就位，然后紧固螺母。螺栓力矩：_____。

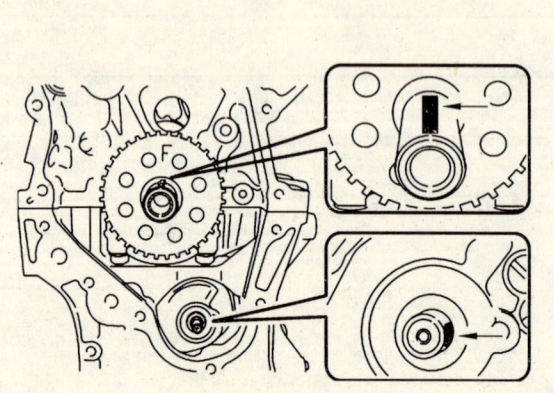
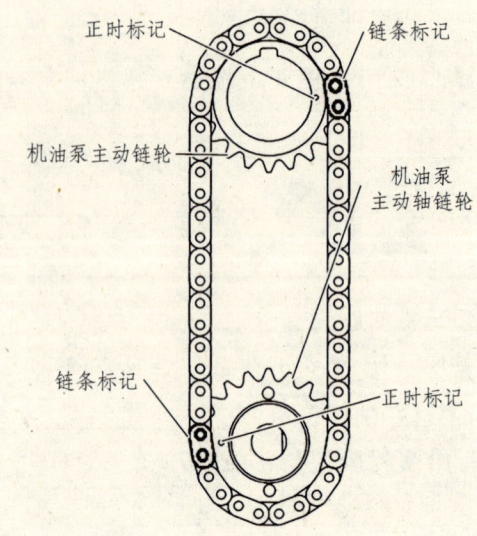

图 4-1-14 2 号链条安装标记示意

（4）安装发动机配气正时传动机构。
（5）安装正时链条盖分总成。
（6）安装气缸盖罩分总成。
（7）安装机油滤清器支架如图 4-1-15 所示。

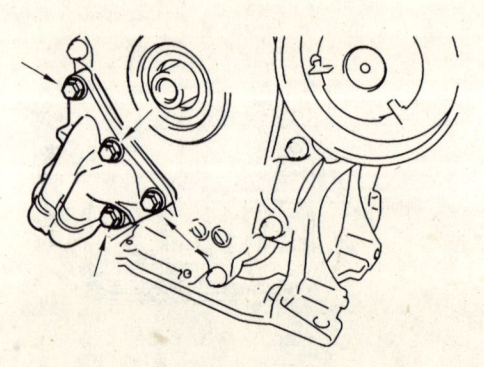

支架处 O 形圈应_____（清洗重新安装/更换新件）。
箭头所指螺栓紧固力矩为：_____。
安装注意事项：

_____

_____

_____

_____

图 4-1-15 机油滤清器安装示意

（8）安装其他附件。

六、评价反馈

组员进行自我评价、相互评价，完成表 4-1-4 的相应内容。
组间评价说明：
（1）操作评价。评价人指定润滑系统相关的零部件，被评价人在维修手册中找出相应部件所在的页码，并在实车或台架找出对应的零部件，将相关内容填写于评价表中。
（2）评价要求。组间评价表由评价人给予对应评价等级：单行全对的得"A"，错两个（含）以下得"B"，错两个以上得"C"。

表 4-1-4 学习评价

项　目	评价内容	评价等级		
		😎	😊	☹️
自我评价	学到的知识点：			
	学到的技能点：			
	不理解的有：			
	还需要深化学习并提升的有：			
组内评价	○按时到场　　　○工装齐备　　　○书、本、笔齐全			
	○安全操作　　　○责任心强　　　○7S 管理规范			
	○学习积极主动　○合理使用教学资源　○主动帮助他人			
	○接受工作分配　○有效沟通　　　○高效完成工作任务			
组间评价	拆装零件	螺栓力矩	维修手册的页码	在实车的位置	拆装结果（正常/不正常）
	机油泵				
	机油压力开关				
	2号链条				
	油底壳				
	机油滤清器支架				
小组评语及建议	他（她）做到了： 他（她）的不足： 给他（她）的建议：	组长签名： 　年　月　日		
教师评语及建议		评价等级： 教师签名： 　年　月　日		

七、学习材料

润滑系统概述。

1. 润滑系统的作用

润滑系统的作用是在发动机工作时连续不断地把数量足够、温度适当且洁净的润滑油（也称为机油）输送到各传动件的摩擦表面，在摩擦表面形成油膜，实现液体摩擦，减小摩擦阻力，降低功率损耗，以达到提高发动机工作可靠和耐久的目的。润滑系统中的润滑油除了润滑以外，还具有冷却、清洗、密封、防锈等作用。

2. 发动机的润滑方式

（1）压力润滑。

利用机油泵，将具有一定压力的润滑油源源不断地送到摩擦面间。形成具有一定厚度并能承受一定机械负荷而不破裂的油膜，尽量将两摩擦零件完全隔开，实现可靠的润滑。

（2）飞溅润滑。

利用发动机工作时某些运动零件（主要是曲轴与凸轮轴）飞溅起的油滴与油雾，对摩擦表面进行润滑的一种方式。飞溅润滑适合于暴露零件表面，如缸壁、凸轮等；相对运动速度较低的零件，如活塞销等；机械负荷较轻的零件，如挺柱等。气缸壁采用飞溅润滑还可防止由于润滑油压力过高，油量过大，进入燃烧室导致发动机工作条件恶化。

（3）润滑脂润滑。

对一些不太重要、分散的部位，采用定期加注润滑脂的方式进行润滑，如发动机水泵轴承、发电机、起动机及分电器等总成的润滑，即采用这种方式。

3. 润滑系统的组成

发动机润滑系统包括建立机油压力和保证机油循环的机油泵、储存机油的油底壳、测量机油油位的油尺、润滑油管路及发动机机体上加工的润滑油油道组成的循环油路、限制最高机油压力的限压阀（限压阀可能集成在机油泵上）、防止杂质进入主油道的机油滤清装置、提供机油压力信息的机油压力指示灯等。有些发动机（或车辆）上还设置有机油冷却器、机油油位传感器、机油寿命系统，如图4-1-16所示。

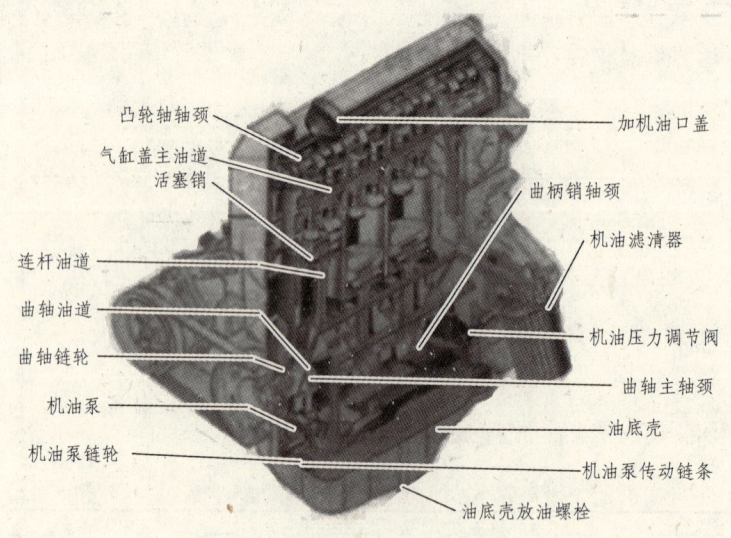

图 4-1-16 润滑系统的组成

4. 机油泵

机油泵的作用是给主油道提供数量足够、压力适当的机油,保证机油在润滑系统内循环流动。根据机油泵的结构形式,通常分为转子式和齿轮式两类,齿轮式机油泵又分为内接齿轮式和外接齿轮式,通常把后者称为齿轮式机油泵,具体分类见表4-1-5。

表 4-1-5 机油泵的分类

外接齿轮式机油泵	内接齿轮式机油泵	转子式机油泵
两个相互啮合的齿轮高速旋转,齿轮外侧与泵壁构成油腔,机油通过油腔从吸油室输送到高压油室中。在高压油室中配对齿轮的啮合齿将机油从齿隙中挤出。齿轮啮合可以阻止机油从高压油室返回到吸油室中	由一个内齿轮和一个偏心安装的外齿轮构成。一个新月形隔板将吸油室和高压油室隔开。由曲轴驱动内齿轮,机油通过沿新月形隔板的上下边的齿隙进行输送。内外轮的啮合阻止机油从高压油室流入到吸油室中	由一个内转子和一个外转子构成。从动内转子以偏心方式安装在泵壳体上,内转子比外转子少一个齿。内外转子转动时,吸入侧泵室变大,泵开始吸油。高压侧泵室变小时,机油被输送到需要润滑的位置

(1)转子式机油泵。

转子泵一般由泵体、内转子、外转子、泵盖、限压阀等部件组成,如图4-1-17所示。泵体或泵盖上加工有进油槽和出油槽。内转子固定在曲轴(或机油泵传动轴)上,外转子自由地安装在泵体内,并与内转子啮合转动,内、外转子之间有一定的偏心距。转子式机油泵的内转子一般有4个或4个以上的凸齿,外转子的凹齿数比内转子的凸齿数多1个,转子的外廓形状曲线为次摆线。它们与机油泵体和泵盖组成了真空腔、进油腔、过渡油腔和出油腔。

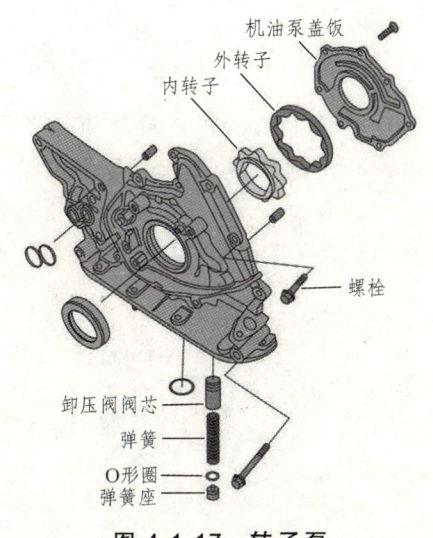

图 4-1-17 转子泵

发动机工作时,曲轴驱动内转子转动,内转子带动外转子旋转,两个转子相互啮合时既不干涉也不脱离。内、外转子间的接触点将外转子的内腔分成了多个工作腔,当某一工作腔转过进油口时,容积增大,产生真空,机油经进油口被吸入工作腔内;当该工作腔转过出油口时,容积减小,油压上升,机油经出油口被压出,如图4-1-18所示。

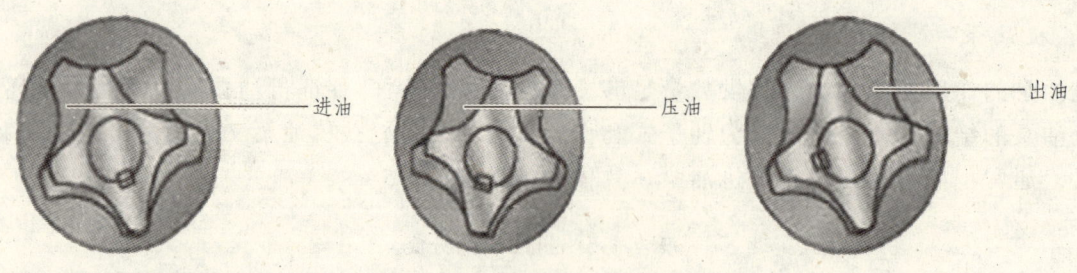

图 4-1-18 转子泵工作过程

（2）内接齿轮式机油泵。

内接齿轮式机油泵一般由泵体、月牙块、内齿轮、外齿轮及泵盖等部件组成，如图 4-1-19 所示。泵体固定在发动机机体前端，内齿轮为主动齿轮，由曲轴直接驱动；外齿轮为从动齿轮，它与内齿轮啮合；月牙块始终保持与内、外齿轮接触，形成密封腔，以便齿轮将机油带到出油腔。

曲轴驱动内齿轮转动，进油腔的容积由于内外齿轮逐渐脱离啮合而增大，腔内产生一定的真空，机油从油底壳经吸油管被吸入进油腔，随后又被轮齿带到出油腔。出油腔的容积由于轮齿逐渐进入啮合而减小，机油压力升高，机油经出油口被压入发动机机体上的润滑油道，在发动机工作时，机油泵齿轮不停地旋转，机油便连续不断地进入润滑油道，经过滤清之后被送到各润滑部位，如图 4-1-20 所示。

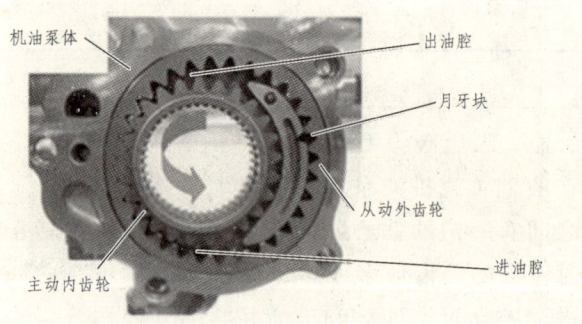

图 4-1-19 内接齿轮式机油泵

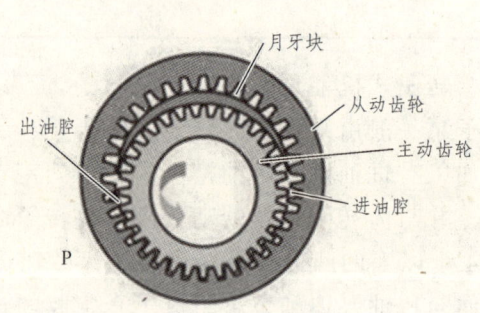

图 4-1-20 内接齿轮式机油泵工作原理

（3）外接齿轮式机油泵。

外接齿轮式机油泵由泵体、驱动轴、主动齿轮、从动齿轮及泵盖等组成，如图 4-1-21 所示。外接齿轮式机油泵安装在曲轴箱内，它由曲轴或凸轮轴经中间传动机构驱动，发动机工作时，机油泵向润滑系统不断地供油。如果机油泵磨损，机油泵的出口压力和进口真空度都会下降，从而导致机油压力不足和流速减慢，发动机的零部件可能因为缺少机油润滑而损坏。

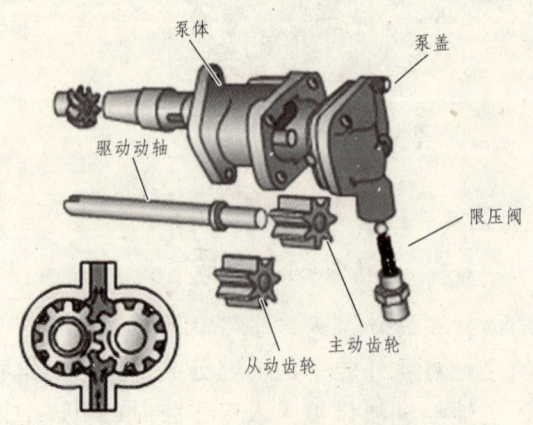

图 4-1-21 外接齿轮式机油泵

（4）可变排量机油泵。

机油泵一般由曲轴直接驱动，需要消耗一部分发动机功率。要减少机油泵的功率消耗，需要使机油泵的供油量与发动机的实际机油需求量相匹配，即使机油泵的功率应尽可能小。可变排量机油泵可通过发动机微机根据发动机的运转情况来调整机油泵的功率，从而供给最适合的机油量，这样就可以在不影响机油供给的前提下，尽可能减小发动机的负荷。

如图 4-1-22 所示，可变排量机油泵的滑阀在调节油室内机油的推动下向右侧移动，这样机油泵的功率就会减小，传统的机械式调整的机油泵的调节油室内的压力与发动机主油道的压力是保持一致的，在发动机主油道与调节油室间设计了一个电磁阀，该电磁阀可以调整由主油道进入调节油室的机油量，从而对机油泵的功率进行动态的调整。

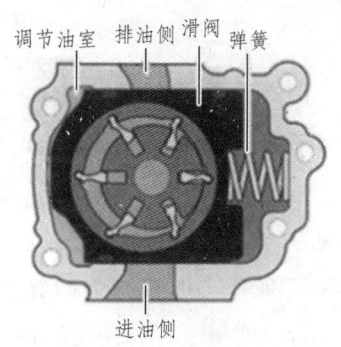 

（a）机油泵最大功率状态　　　　　（b）机油泵最小功率状态

图 4-1-22　可变排量机油泵

5. 机油滤清器

机油滤清器（见图 4-1-23）可去除机油中的金属磨屑、机械杂质和机油氧化物等，保证摩擦表面的良好润滑，延长其使用寿命。轿车发动机一般采用全流纸质式机油滤清器，串联在机油泵与主油道之间，全部机油都经过它的过滤，如图 4-1-24 所示。

图 4-1-23　机油滤清器

集滤器是具有金属网的滤清器，安装在机油泵进油管上，其作用是防止较大的机械杂质进入机油泵，如图 4-1-25 所示。

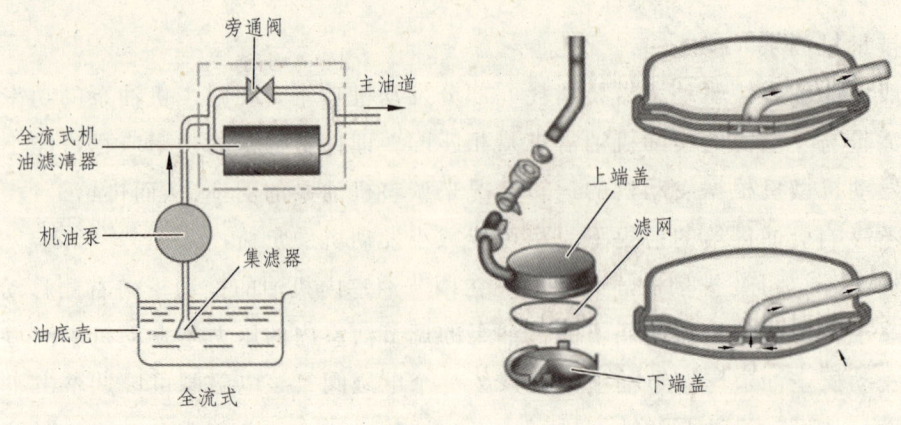

图 4-1-24 全流式滤清方式　　　　图 4-1-25 集滤器

6. 润滑油道

如图 4-1-26 所示，当发动机工作时，机油从油底壳经集滤器被机油泵送入机油滤清器，如果油压太高，则机油经机油泵上的限压阀返回到机油泵入口。机油经滤清器滤清之后进入发动机主油道，滤清器盖上设有旁通阀，当滤清器堵塞时，润滑油不再经过滤清器，而由旁通阀直接进入主油道。主油道的部分机油经 5 条分油道进入主轴承，润滑主轴颈，然后进入油底壳；这些机油一部分又经曲轴上的斜油道进入连杆轴承，润滑连杆轴颈，然后也进入油底壳。主油道的部分机油经另一条分油道进入凸轮轴轴承润滑油道，凸轮轴润滑油道分别通向各凸轮轴轴承，然后润滑气门组件，最后经气缸上的通气孔进入油底壳。

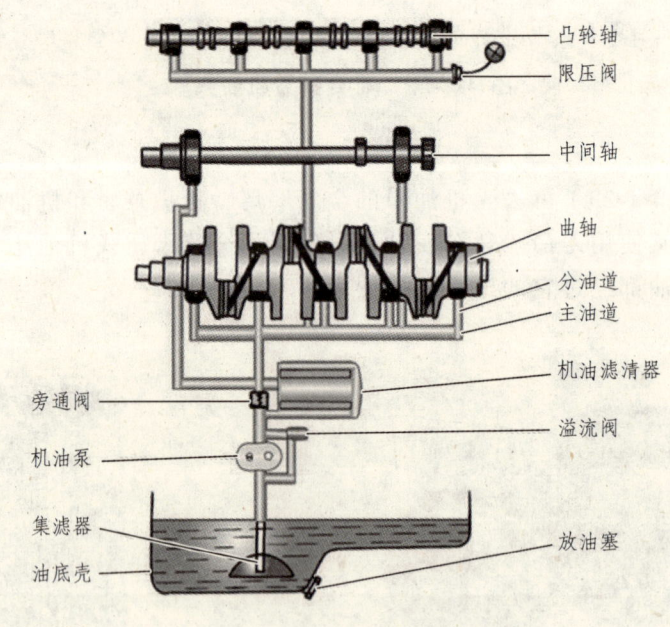

图 4-1-26 润滑油道

7. 机油冷却器或散热器

机油冷却器或散热器均属降低机油温度和保持润滑油具有一定黏度的部件。发动机运转时，由于机油黏度随着温度的升高降低，降低了润滑能力。发动机通常靠汽车行驶中的迎面空气流吹拂油底壳来使机油冷却。在热负荷较高的发动机上，专设机油冷却器以加强机油冷却，如图 4-1-27 所示。

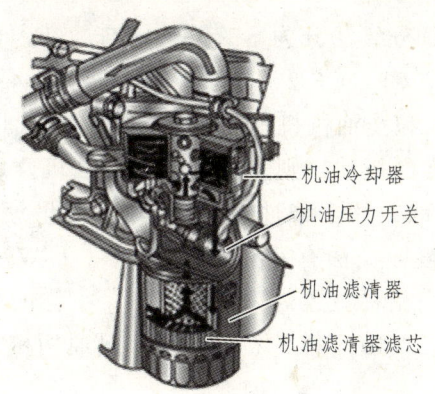

图 4-1-27　水冷式机油冷却器

8．机 油

（1）机油的主要作用。

① 润滑作用。

发动机工作时，许多部件处于高速运转中，并承受着高速的摩擦。如果这些摩擦零件得不到适当的润滑，在高温、高速和高压下，金属之间就会产生干摩擦。金属间的干摩擦不但会增加能量消耗，而且摩擦产生的大量热会在短时间内使摩擦表面的金属发生磨损、熔化甚至烧结，最终导致运动部件卡死。

机油进入零件摩擦表面后，形成一层油膜，当零件产生相对运动时，粘在它们表面的油膜随之移动，从而防止金属表面直接接触引起干摩擦。

② 冷却作用。

发动机内燃料燃烧产生的热量大约有 30% 转化为机械能，其余的热量，一部分被零件磨损消耗，另一部分则随废气排出和使机体发热。发动机热量的 60% 由冷却液带走，剩余的热量靠润滑油来传递。发动机工作时，润滑油不断地流动，从零件表面上吸取和带走热量。

③ 密封作用。

发动机各零件之间具有一定的间隙，有些间隙对发动机正常工作影响很大，如气缸、活塞和活塞环之间的间隙。这些间隙的存在会造成漏气，因此润滑油必须在这些间隙中形成油膜，以起到一定的密封作用。

④ 清洗作用。

发动机工作时，燃烧产生的积炭，润滑油高温氧化形成的胶质，相互运动的零件摩擦产生的金属杂质，空气中的灰尘等，将在发动机零部件上形成沉积物，这些沉积物如不及时清除将加剧零部件的磨损，影响发动机正常运转。机油的循环流动，可以将油泥和杂质带走，经过机油滤清器过滤，使干净的润滑油不断洗涤摩擦表面，保证发动机的正常工作。

此外，机油还具有防锈作用，它能吸附在金属表面，防止水和酸性气体对金属的腐蚀。

（2）机油的品质。

机油根据基础油的不同可以分为矿物机油、半合成机油、合成机油和全合成机油，其中全合成机油等级最高。合成机油是利用化学合成方法制成的润滑剂，其主要特点是其有良好的黏度-温度特性，可以满足大温差的使用要求，有优良的热氧化安定性，可长期使用不需更换。使用合成机油，发动机的燃油经济性会稍有改善，并可降低发动机的冷启动转速。

我国机油的品质标准是按机油的使用性能和黏度等级两种分类方法来划分的，是参照美国石油协会（API）和美国汽车工程师协会（SAE）相应的分类标准来制订的。

我国汽油机机油按 API 质量分级法分为 SE，SF，SG，SH，SL，SM 和 SN 七个质量等级，柴油机机油分为 CC，CD，CE，CF，CF-2，CF-4，CG-4，CH-4 和 CI-4 九个质量等级。等级越高，油品品质越好。汽油机机油和柴油机机油原则上不能相互代用，特别是汽油机机油不能用于柴油机。但是，标有 SL/CF 字样的机油，则为汽油机、柴油机两用机油，其标号的含义是指该机油用于汽油机时符合 SL 质量等级，用于柴油机时符合 CF 质量等级。

我国发动机机油按 SAE 黏度分类法有 0W，5W，10W，15W，20W，25W 和 10，20，30，40，50，60 等级别。标号越大，黏度指标就越高。带有"W"字样的机油是指冬用机油，无"W"字样的机油是指夏用机油，标有 15W40 字样的机油是冬、夏通用机油，国外称为复合机油，国内则称为多级机油。

学习任务五　发动机冷却系统检修学习任务设计方案

专业名称	汽车技术服务与营销	一体化课程名称	发动机故障检修
学习任务	发动机冷却系统故障诊断与排除	建议学时	12
工作情景描述	王先生在下班驾车途中，发现水温表显示过高，现车辆进厂维修，技术人员初步诊断为水温过高。作为未来的维修人员，我们将会按照维修工单和车间作业流程，在教师的指引下，按照维修手册的要求，对本故障进行规范拆检，制订维修方案，确定故障部位，排除故障，恢复车辆性能并最终检验合格后交付前台		
学习任务描述	在教师的指导下确认故障现象，接受故障排除任务后学习冷却系统的结构组成及工作原理并完成相关工作页的填写，对冷却系统相关部件进行检测确定故障部位，制订维修方案排除故障并竣工检验合格，交付车辆后进行总结、评价		
与其他学习任务的关系	在汽车维护保养学习任务中，在已经了解了汽车基本结构的基础上完成本学习任务，通过本学习任务的学习为汽车发动机检修的其他学习任务打下基础		
学生基础	学生已经完成了汽车维护、保养的操作知识，对汽车发动机各系统的结构认识有了一定的了解		
学习目标	1.知识 （1）能通过维修手册及网络资源检索冷却系统故障相关信息。 （2）能描述冷却系统的作用、结构组成和工作原理。 （3）能描述工、量具的使用方法。 （4）能描述冷却系统常见故障原因和排除方法。 2.技能 （1）能正确确认故障现象并初步分析故障原因。 （2）能查阅维修手册制订拆装检修步骤，并进行展示点评。 （3）能在教师指引下，按照故障检修流程，拆检相关零部件，确定故障部位并最终排除故障后进行总结评价。 （4）能拆装冷却系统零部件，按要求进行零部件性能检测并判断。 3.素养 （1）能在团队作用下独立或协作完成故障检修、总结评价等任务。 （2）能遵守工作过程的7S检验和职业能力展示评价。		
学习内容	（1）学习安全操作规程及7S现场管理规定。 （2）维修手册的使用。 （3）仪器仪表（水箱测漏仪、汽车故障检测仪）的使用。 （4）冷却系统的作用、结构组成及工作原理。 （5）冷却系统零部件拆装。 （6）冷却系统故障检测及排除。 （7）节温器拆装与检测。 （8）与他人沟通合作，获取信息，对学习与工作进行总结，展示评价		

续表

教学条件	维修手册、安全操作规程、车间管理制度、7S 管理规范制度、普通拆装工具、万用表、水箱测漏仪、车辆、举升机等
教学组织形式	教学组织形式：小组学习 1. 情景再现 教师组织学生以小组的形式观察水温指示高的现象，初步检测，明确学习任务。 2. 初步分析 小组利用工作页和相关知识分析冷却系统故障现象及原因。 3. 制订方案 学生分组分析故障原因，制订维修步骤方案并展示评价。 4. 实施方案 小组进行汽车冷却系统的拆装检测，排除故障，工作过程实行自检、互检和终检三级检验。 5. 评价反馈 小组总结、评价，实行自评、互评、教师点评综合评价
教学流程与活动	教学流程 复习与提问→再现情景→任务导入→任务分配→任务实施→评价反馈。 学习活动 | 学习活动	发动机节温器损坏故障检修	12 学时	
评价内容与标准	1. 专业能力评价标准 （1）规范使用工量具和检测设备。 （2）通过参数检测判断冷却系统性能。 （3）查阅维修手册，分析故障原因，完成鱼骨图。 （4）按照故障诊断流程排除故障并总结排除故障思路。 （5）描述冷却系统的作用，结构组成和工作原理。 （6）描述维修手册查阅方法和思路。 （7）描述节温器结构类型和工作特点。 （8）工作过程的自检、互检、终检和7S监督，执行安全操作，做好安全防护。 2. 社会能力评价标准 （1）收集资料、方案制作能力（PPT制作能力、图案绘制能力）。 （2）展示表达能力，沟通交流能力，团队协作能力。 （3）观察分析相互评价、相互肯定与提升的能力。 3. 方法能力评价标准 （1）通过维修手册和网络资源有效获得支撑资料的方法。 （2）通过维修资料和场地资源，小组、教师等团队资源解决问题的方法

学习活动　发动机节温器损坏故障检修

一、学习目标

（1）能够在教师的指引下，查阅资料，完成冷却系统组成的信息检索。
（2）能够根据操作要点，规范填写维修工单，合理分配人员，并具体实施。
（3）能够对冷却系统进行初步检查，并确认故障现象。
（4）能够在实车或台架认知冷却系统元件，并描述各部件的名称、作用和安装位置。
（5）能够描述冷却系统工作循环和工作原理。
（6）能够描述节温器的控制方式及类型。
（7）能够排除节温器损坏故障，记录工作过程并形成完整排查故障的思路。
（8）能够在团队作用下，独立或集体完成学习任务。
（9）能够执行活动过程的 7S 管理要求。
（10）能够按职业能力评价要求进行展示评价。

二、学习准备

设备：卡罗拉发动机实训台架或整车、举升机、充电机、水箱测漏仪等。
常用工量具：工具车 1 套，配备常用梅花扳手、套筒扳手、螺丝刀、塞尺等。
油料、材料：冷却液、节温器、碎布等。
资料：网络资源、维修手册、维修工单、安全操作规程。
分组：每组 5~6 人，小组讨论后，由组长按岗位分配人员。

三、学习内容

发动机节温器损坏故障检修学习活动如图 5-1-1 所示。

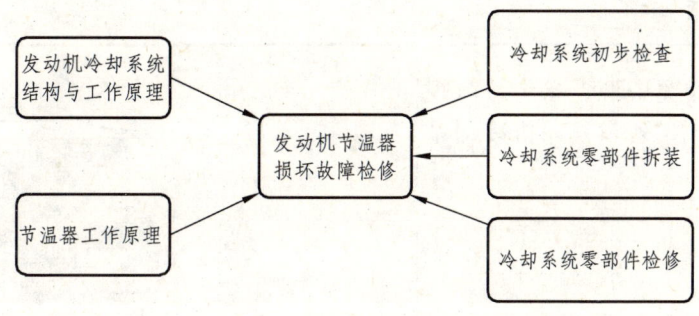

图 5-1-1　学习活动

四、引导问题

（1）冷却方式主要有两种，分别为_____、_____，汽车发动机主要冷却方式为_____。

（2）常用冷却系统由_____、_____、_____、_____、_____、_____、_____等组成。

（3）冷却系统中冷却液是重要的工作介质，由_____、_____、_____组成，其按防冻剂成分不同可分为_____、_____、_____等冷却液。

（4）节温器种类分为_____、_____，其中_____是在蜡式节温器的基础上增加了_____。

（5）发动机冷却系统循环方式有_____、_____，其_____时冷却水循环路径方式是经过旁通阀流入水泵入口，通过加压后流回缸体里面，此时冷却液温度低于_____；当_____时，冷却水循环路径是节温器主阀门完全开启，旁通阀关闭，来自发动机内的冷却液经过散热器进行散热，此时冷却液温度_____。

（6）散热器盖可用专用压力检测器检查其工作性能，压力阀的开启压力应为_____。

（7）电子冷却风扇在冷却液温度为_____时低速运转，当冷却液温度为_____时高速运转。

（8）轿车的冷凝器与散热器共用冷却风扇，只要开启空调制冷系统，电子风扇即以_____运转方式运转。

（9）节温器在常温状态下石蜡呈_____，弹簧将主阀门推向上方，冷却液流向散热器通道_____；当发动机水温高时，石蜡逐渐变成_____，体积膨胀，迫使胶管收缩，对推杆锥状端产生上举力。节温器使发动机进入大循环的工作温度一般为_____。

（10）发动机水冷系统中的散热器由_____、_____、_____等三部分构成。散热器中的冷却液流动方向有_____和_____两种。

五、学习过程

1. 填写维修工单

（1）根据学习活动拆分活动环节或步骤。

（2）小组讨论分工填写维修工单——附件。

2. 列举操作事项

查阅维修手册及相关资源，参考故障现象示意图（见图5-1-2），列举发动机冷却系统检修注意事项：
_____
_____
_____
_____

图 5-1-2　故障现象

3. 确认故障现象

启动发动机，观察发动机冷却系统，描述故障现象，完成表 5-1-1。

表 5-1-1 故障确认检查表

序号	项目	检查结果	"检查结果"填写说明	初步判断
1	高温报警灯		点亮/不亮	
2	水温表		温度值	
3	冷却风扇		高速/低速/不工作	
4	冷却液液位		正常/偏低/偏高	
5	冷却系统泄漏		管路是否泄漏	
6	散热器外观		是否脏堵	

确定故障现象为：

4. 识别元器件

（1）查找相关网络资源和维修手册完成图 5-1-3 中的方框内容，选择正确的元件代号写入方框内。

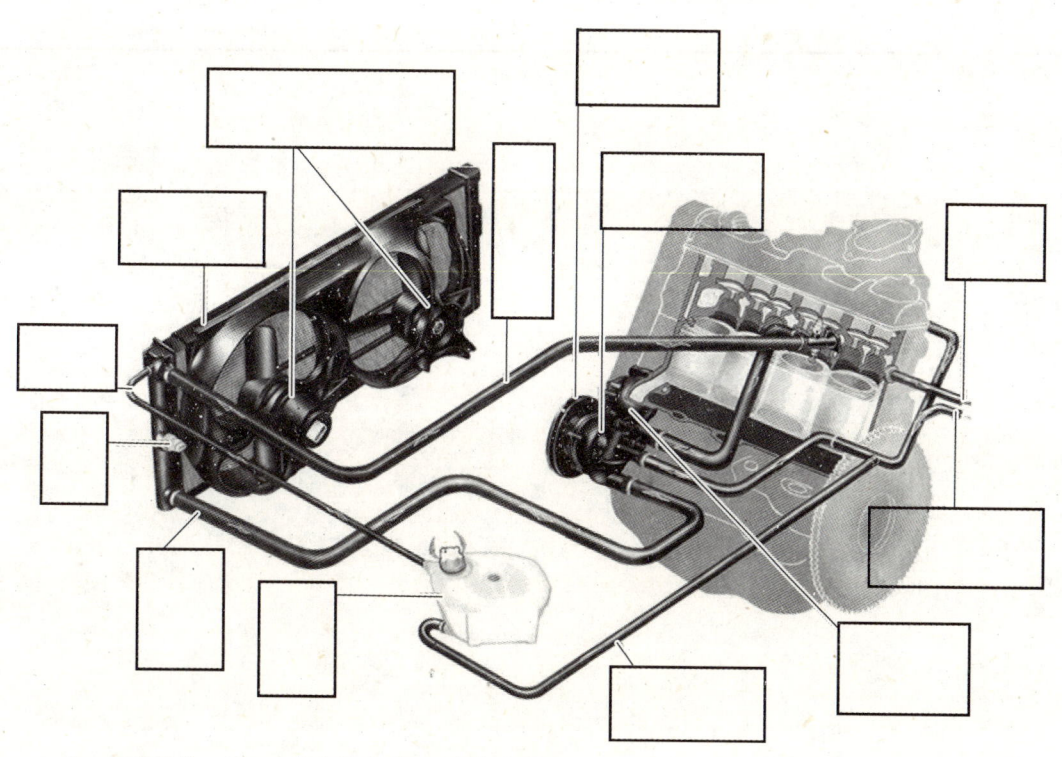

A—电动风扇；B—双速热敏开关；C—散热器；D—水泵；E—水泵皮带轮；F—节温器；
G—冷却液上橡胶软管；H—副水箱；I—暖风水箱进水口；J—暖风水箱出水口；
K—过热蒸气；L—冷却液下橡胶软管。

图 5-1-3 冷却系统结构

（2）写出冷却系统循环路径。

小循环：_____

大循环：_____

（3）参考冷却系统结构图，查阅卡罗拉维修手册"1ZR-FE/2ZR-FE-CO"章节，查找冷却系统元器件，在实际台架中标贴名称标识，并指出相应元器件的名称和作用，完成表 5-1-2。

表 5-1-2 冷却系统元器件识别

序号	元件名称及代码	作用	安装位置
1	A：		
2	B：		
3	C：		
4	D：		
5	F：		
6	H：		

5．基本检查

查阅卡罗拉维修手册"1ZR-FE/2ZR-FE 发动机控制系统-CO"章节，在以下方框中写出冷却系统基本检查安全注意事项。

检查注意事项：

（1）检查储液罐中发动机冷却液液位（见图 5-1-4）。

图 5-1-4　冷却液液位

注：冷却液储液罐上有上限（Full）与下限（Low）标记，冷却液液面在两者中间就算正常。

检查结果：_____（正常/不正常，需添加）。

（2）使用散热器盖检测仪检查发动机冷却液是否有泄漏（见图 5-1-5）。

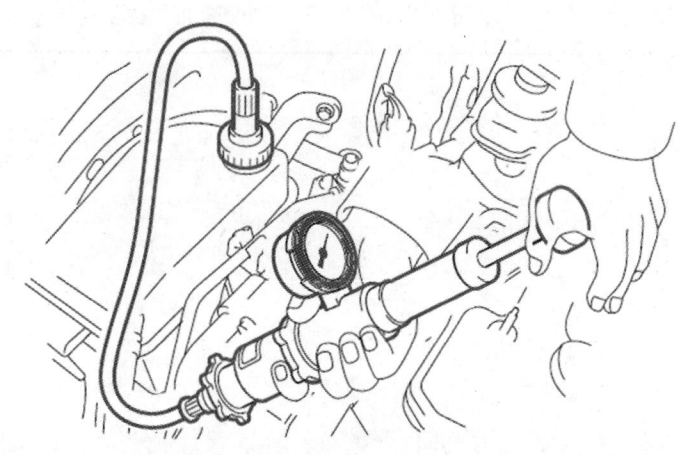

图 5-1-5　冷却液泄漏检查

测试压力为_____。检查部件：_____。检查结果：_____。

（3）检查冷却液质量。

① 散热器外观检查：_____（是否有脏堵）。

② 发动机冷却液：_____

_____

_____

_____。

6. 分析故障原因

根据检测结果，查阅维修手册，分析导致发动机冷却水温高故障原因，完成鱼骨图 5-1-6，并进行展示评价。

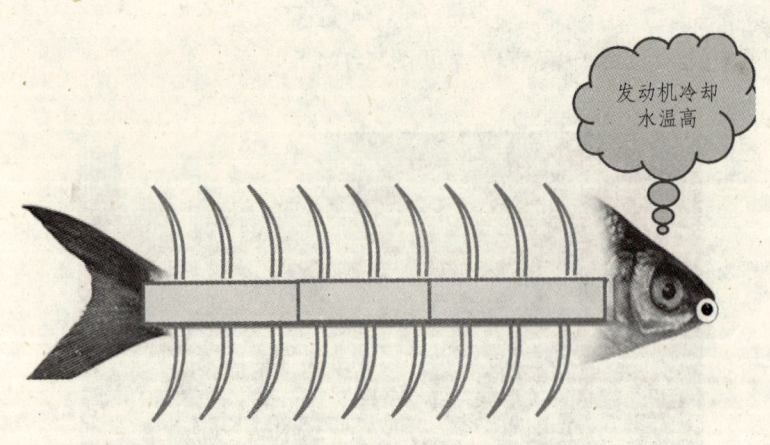

图 5-1-6　发动机冷却水温高故障原因

7. 冷却系统检修

（1）查阅卡罗拉维修手册"1ZR-FE/2ZR-FE 冷却系统"部分，制订冷却系统零部件检修步骤，写出维修过程中安全注意事项及不可重复使用的零件，并进行展示。

（2）排净发动机冷却液。

查阅维修手册，在图 5-1-7 中方框内写出各部件名称。

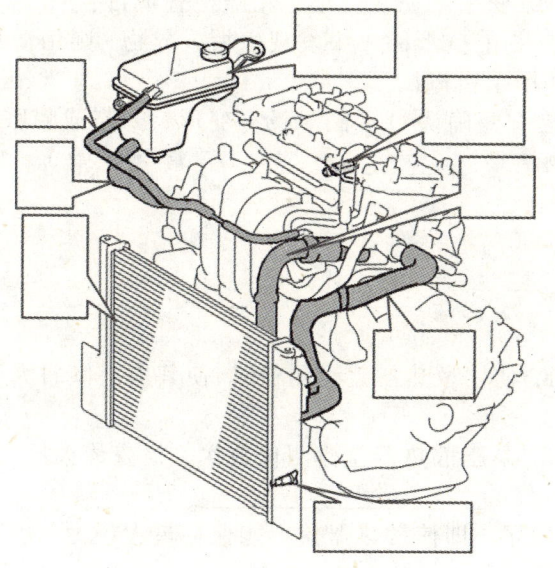

图 5-1-7　冷却系统结构

请写出排放发动机冷却液步骤及注意事项。

步骤：

_____
_____
_____
_____
_____
_____

注意事项：

_____
_____
_____

（3）零部件拆装检修。

① 节温器检修。

图 5-1-8 所示的节温器安装于_____，其两个固定螺栓拆卸工具为_____，更换时需安装新的节温器衬垫。

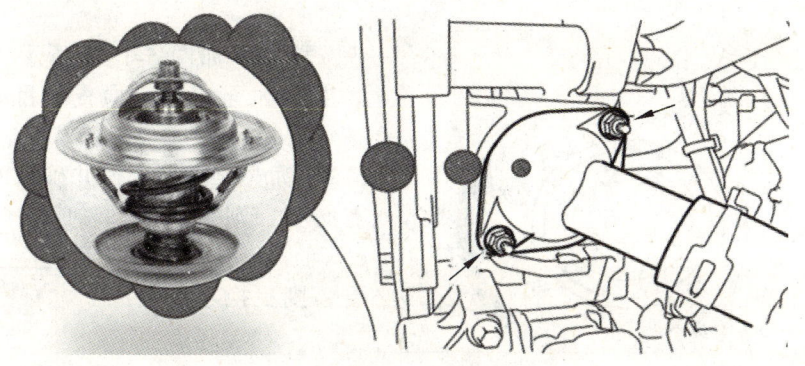

图 5-1-8　节温器

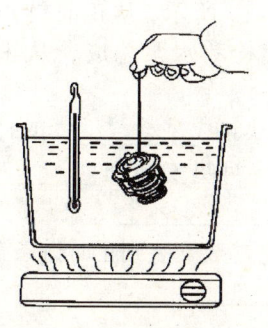

图 5-1-9　节温器性能判断

a. 如图 5-1-9 所示，将节温器浸入水中然后逐渐将水加热。

b. 检查节温器阀开启温度。阀门开启温度：_____。

提示：如果阀门开启温度不符合规定，则更换节温器。

c. 检查阀门升程。阀门升程：_____。

提示：如果阀门升程不符合规定，则更换节温器。

d. 当节温器处于低温_____时，检查并确认阀门全关。

提示：如果不能全关，则更换节温器。

节温器性能：_____（正常/不正常）。

133

② 检查补偿水箱盖,如图 5-1-10 所示。

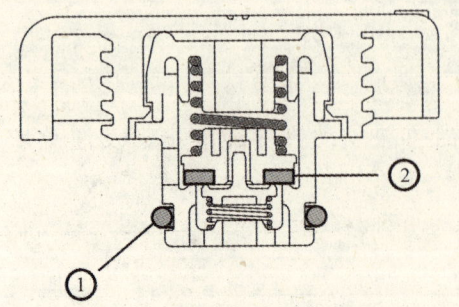

图 5-1-10 补偿水箱盖示意

根据维修手册完善补偿水箱盖检查项目:
a. 如果在 O 形圈 1 中发现水垢或异物,则用清水冲洗并用手指擦拭。
b. 检查并确认 O 形圈 1 没有变形、开裂或膨胀。
检测结果:_____（正常/不正常）。

③ 检查散热器盖,如图 5-1-11 所示。

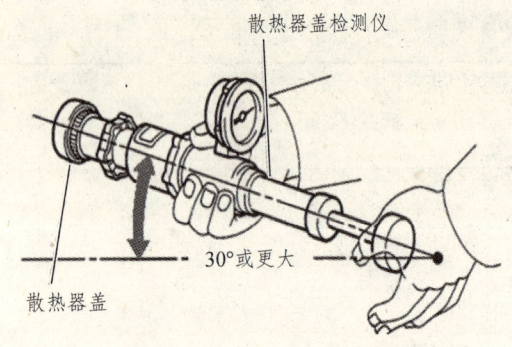

图 5-1-11 散热器盖检查

a. 使用散热器盖检测仪时,使其向上倾斜大于 30°。
b. 泵压散热器盖检测仪数次,检查最大压力。泵速:_____。
提示:即使散热器盖不能保持最大压力,也不属于故障。
标准值（新盖）:_____;
最小标准值（旧盖）:_____。
检测结果:_____（正常/不正常）。

④ 水泵检查。

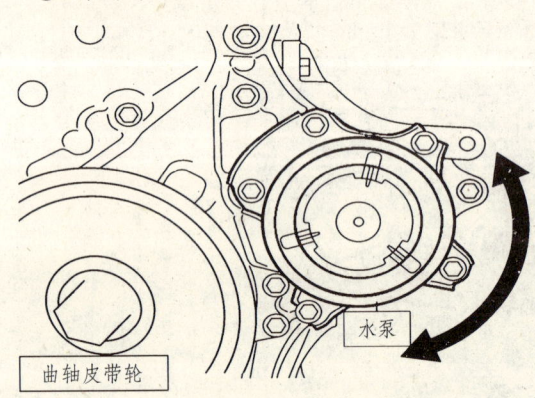

图 5-1-12 水泵就车检查

就车检查,如图 5-1-12 所示。
a. 检查水泵皮带。检查项目:_____;检查结果:_____。
b. 转动皮带轮,检查并确认水泵轴承_____。如有必要,则更换水泵总成。
c. 确保水泵壳体上没有_____。如有必要,则更换水泵总成。

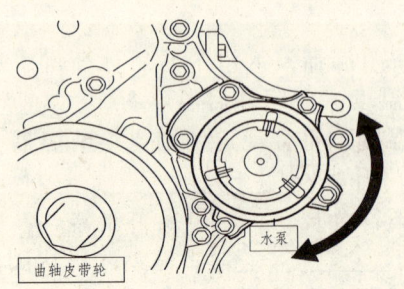

图 5-1-13 水泵示意

水泵拆装,如图 5-1-13 所示,从正时链条盖上拆下_____个螺栓和水泵总成,从正时链条盖上拆下水泵衬垫。
a. 将一个新水泵衬垫的_____与正时链条盖上的切口对齐,并将衬垫安装到_____。
注意事项:
b. 用 5 个螺栓将水泵总成安装到正时链条盖上。
力矩:_____。

⑤ 添加发动机冷却液。

a. 紧固散热器放水螺塞。

b. 紧固气缸体放水螺塞。

c. 将丰田超长效冷却液（SLLC）添加至散热器补偿水箱加注口。

加注注意事项：_____。

d. 拆下散热器盖并将冷却液添加至补偿水箱"FULL"刻度线，如图5-1-14所示。

图 5-1-14 补偿水箱刻度线

e. 用手按压散热器进水软管和出水软管数次，检查冷却液液位。如果冷却液液位过低，则添加冷却液。

f. 安装盖子和阀门，使发动机充分暖机。

g. 排空冷却系统内的空气。排空注意事项：_____。

发动机暖机至节温器打开。节温器打开时，使冷却液循环数分钟。

提示：按压散热器进水软管可以确认节温器的开启正时，并感觉发动机冷却液从何时开始流入软管。按压散热器软管时应注意：_____。

发动机暖机后，按照以下周期运行发动机至少 7 min：以 3 000 r/min 的转速运转 5 s，怠速运转 45 s。（按此周期重复操作至少 8 次）。

用手按压散热器进水软管和出水软管数次，以排空系统内空气。

h. 发动机冷却后，检查并确认冷却液液位在"FULL"和"LOW"刻度线之间。如果冷却液液位低，则向补偿水箱内添加冷却液至"FULL"线。

六、评价反馈

组员进行自我评价、相互评价，完成表 5-1-3 的相应内容。

组间评价说明：

（1）操作评价。评价人指定冷却系统相关的零部件，被评价人在维修手册中找出相应部件所在的页码，并在实车或台架找出对应的零部件，将相关内容填写于评价表中。

（2）评价要求。组间评价表由评价人给予对应评价等级：单行全对的得"A"，错两个（含）以下的得"B"，错两个以上的得"C"。

表 5-1-3 学习评价

项 目	评价内容			评价等级		
				😎	🙂	☹️
自我评价	学到的知识点：					
	学到的技能点：					
	不理解的有：					
	还需要深化学习并提升的有：					
组内评价	○按时到场　　　○工装齐备　　　○书、本、笔齐全					
	○安全操作　　　○责任心强　　　○7S管理规范					
	○学习积极主动　○合理使用教学资源　○主动帮助他人					
	○接受工作分配　○有效沟通　　　○高效完成工作任务					
组间评价	零件名称	在实车的位置	维修手册的页码	拆装是否正确		
	水泵					
	节温器					
	散热器盖检查	—				
	冷却液泄漏检查					
	节温器性能检查					
	加注冷却液					
小组评语及建议	他（她）做到了： 他（她）的不足： 给他（她）的建议：			组长签名： 年　月　日		
教师评语及建议				评价等级： 教师签名： 年　月　日		

七、学习材料

冷却系统概述。

在发动机工作期间，最高燃烧温度高达 2500 ℃；即使在怠速或中等转速下，燃烧室的平均温度也在 1000 ℃ 以上。若不将与高温燃气接触的发动机零部件上的过多热量散发掉，则会出现多种不良现象：润滑油将由于高温而变质，使发动机零件之间不能保持正常的油膜；受热零件由于热膨胀过大而破坏正常的间隙，摩擦阻力增大，妨碍机件的正常运动甚至卡死或烧坏；温度过高使金属材料的性能下降，以致承受不了正常的负载。因此，发动机必须设计合理的冷却系统，以确保发动机在适宜的温度范围内工作，既防止发动机温度过高，又保证发动机冷启动时快速升温，使发动机获得良好的经济性和动力性，且减少排放。

1. 冷却系统的作用

冷却系统既要防止发动机过热，也要防止发动机过冷。过热和过冷都会使发动机运动部件的正常间隙被破坏，润滑状况恶化，加速发动机磨损。发动机温度过高，冷却液沸腾，严重降低热传递效率，混合气过早燃烧，发动机可能发生爆震，最终损坏发动机的缸盖、气门和活塞等部件。发动机温度过低，燃烧不充分，油耗增加，降低发动机使用寿命。

由于发动机温度过低时，进入气缸的可燃混合气（或空气）点燃困难或燃烧迟缓，可能导致发动机输出功率下降，油耗增加。机油黏度也会随发动机温度下降而上升，造成润滑不良，运动部件之间的摩擦增大，加剧零部件磨损。因此发动机冷起动时，冷却系统要保证发动机迅速升温，尽快达到正常的工作温度。

2. 冷却系统的组成

发动机的冷却系统一般有风冷与水冷两种形式，汽车发动机大都采用水冷式。汽车发动机的水冷系统均为强制循环系统，利用水泵提高冷却液的压力，强制冷却液在发动机冷却液管路中循环流动。发动机冷却系统一般由散热器、冷却风扇、节温器、水泵、膨胀水箱（或储液罐）、冷却液管路、气缸体和气缸盖中的水套以及其他附属装置组成，如图 5-1-15 所示。

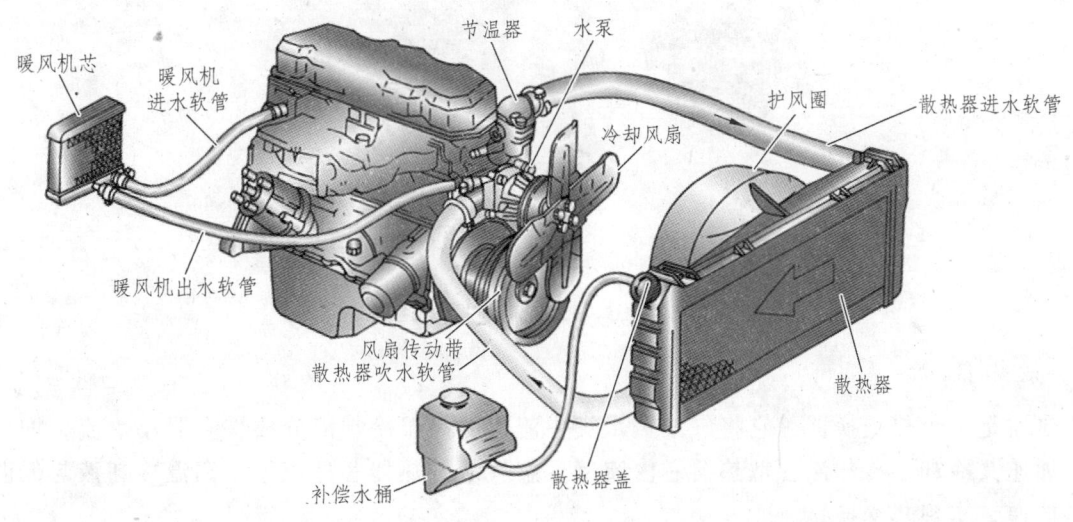

图 5-1-15 冷却系统的组成

3. 冷却液的循环路径

发动机冷却液有大、小循环两条路径，大小循环冷却液流量的比例由节温器控制。气缸体水套中的冷却液温度高时，节温器打开的角度大，流向散热器的冷却液多，防止发动机过热；气缸体水套中的冷却液温度低时，节温器打开角度小，流向散热器的冷却液少，防止冷却液温度偏低。这样，发动机始终保持在一个最佳的温度下工作。

（1）冷却液小循环。

如图5-1-16（a）所示，冷却液温度较低时，节温器主阀门关闭、旁通阀打开，气缸盖中的冷却液从旁通阀、旁通管路流入水泵进水口，经水泵加压后流回气缸体水套。此时冷却液不经过散热器，只在气缸盖水套和气缸体水套之间进行小循环。在小循环中，冷却强度较小，可使发动机水温迅速上升，保证发动机各个部件快速达到其正常工作温度。

（2）冷却液大循环。

经过散热器的冷却液循环为冷却液大循环，如图5-1-16（b）所示。当冷却液温度升高到一定值时，节温器主阀门全开，旁通阀关闭，气缸盖水套中的冷却液经散热器上水管全部流向散热器，其温度快速下降，然后从散热器下水管进入水泵进水口，经水泵加压后回到气缸体水套，进行冷却循环。

（3）冷却液混合循环。

节温器的主阀门和旁通阀均处于部分开启状态，冷却液的小循环和大循环同时存在，此时冷却液的循环称为混合循环，如图5-1-16（c）所示。在发动机实际工作中，冷却液处于混合循环的时间不会很长。

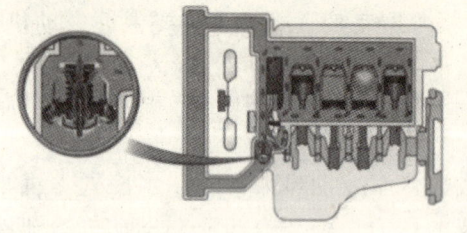 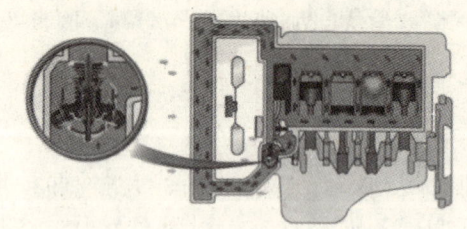

（a）水温较低，进行小循环　　　　　　　（b）水温较高，进行大循环

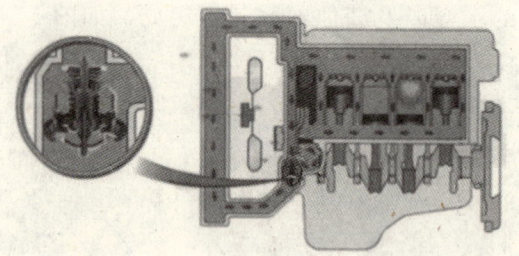

（c）水温升高，既进行小循环，又进行大循环

图 5-1-16　冷却液的循环路径

4. 散热器

散热器是一个热交换器，它将气缸盖水套中流出的高温冷却液分成许多股小水流，增大散热面积，加速其冷却。冷却液在散热器芯内流动，空气从散热器芯外流过，高温冷却液与低温空气发生热传递，实现热交换。

散热器一般用黄铜、铝和铝-锌等材料制成。散热器中冷却液的流动方向有横流和纵流两种形式。轿车用发动机一般采用横流式散热器，以降低散热器的高度。

（1）散热器的构造。

如图 5-1-17 所示，散热器由进水室、散热器芯和出水室等组成。散热器进水室顶部一般设计有冷却液加注口，冷却液由此注入整个冷却系统。进水室侧面设计有进水口，它通过散热器上水管与气缸盖出水口相连。出水室有放水螺塞及出水口，出水口通过散热器下水管与水泵进水口相连。散热器底部一般装有减振垫，防止散热器受振动被损坏。有些车辆散热器的出水室集成有自动变速器油冷却器。

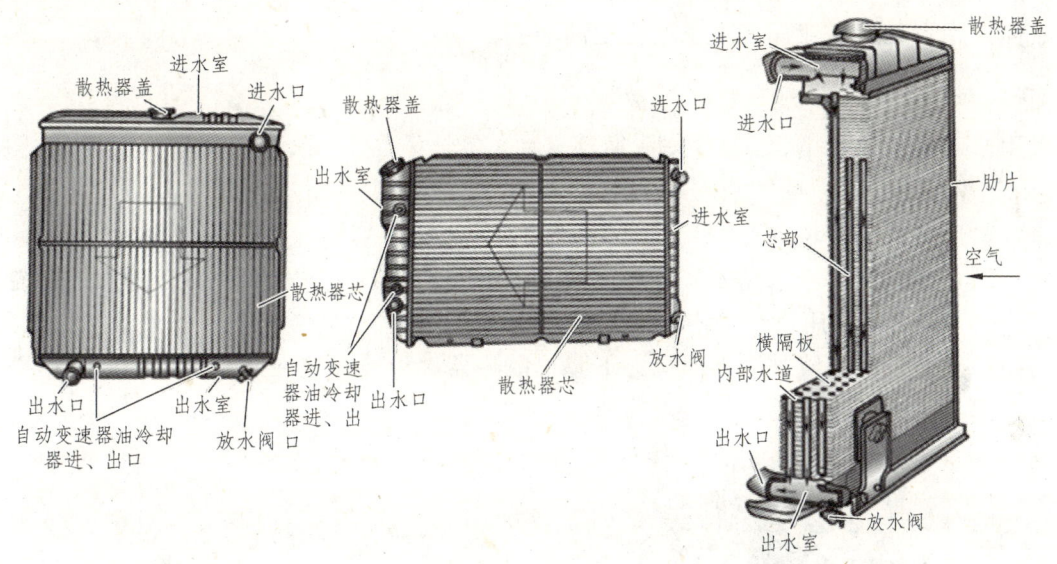

（a）纵流式散热器　　　（b）横流式散热器　　　（c）散热器局部剖切轴测图

图 5-1-17　散热器

（2）散热器盖。

散热器盖的作用是密封冷却系统并调节冷却系统的工作压力，如图 5-1-18 所示。汽车发动机一般使用压力式散热器盖，包括一个压力阀和一个真空阀，均为单向阀。散热器盖可使冷却系统内的压力提高 98～196 kPa，冷却液的沸点相应地提高到 120 ℃ 左右，从而扩大了散热器与周围空气的温差，提高了散热器的换热效率。由于散热器散热能力的增强，可以相应地减小散热器尺寸。

发动机冷车状态时，散热器盖的压力阀和真空阀均关闭，使冷却系统与大气隔开。当发动机工作时，冷却液的温度逐渐升高，冷却液膨胀、气化使冷却系统内的压力增高，冷却液沸点升高，提高冷却系统的散热能力，当压力超过预定值时，压力阀开启，一部分冷却液经溢流管流入储液罐，以防止冷却液胀裂散热器。当发动机停机后，冷却液的温度下降，冷却系统内的压力随之降低，当压力降到大气压力以下，出现真空时，真空阀开启，储液罐内的部分冷却液流回散热器，避免散热器被大气压力压坏。散热器盖的工作过程如图 5-1-19 所示。

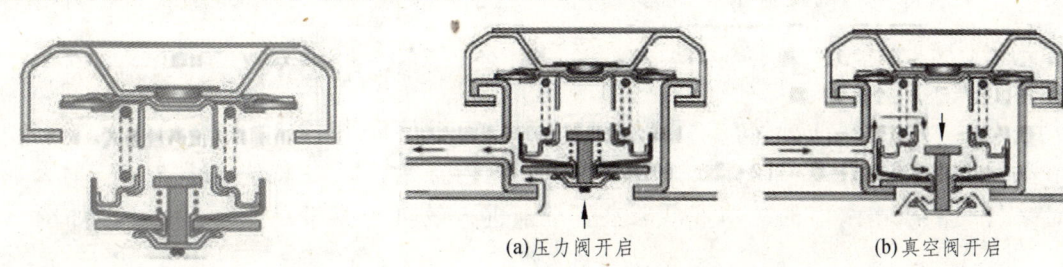

图 5-1-18　散热器盖　　　　图 5-1-19　散热器盖工作过程

5. 补偿水箱

现代汽车特别是轿车的冷却系统中，都设有用塑料制成的补偿水箱（或膨胀水箱），如图 5-1-20 所示。该水箱用橡胶软管与散热器上面的溢流管连接。补偿水箱可以减少冷却液的溢损并消除水冷系统中产生的气泡。当冷却液受热膨胀后，散热器内多余的冷却液流入补偿水箱，温度降低后散热器内产生一定的真空度，补偿水桶中的冷却液又被吸回散热器内，使散热器始终被冷却液充满。

采用该方式，冷却液损失很少。驾驶员不必经常加注冷却液，补充冷却液时可从补偿水箱口加入，液面以保持在两条液面高度标记线之间为宜。

6. 水 泵

水泵用来对冷却液加压，强制冷却液循环流动。汽车发动机一般采用离心式水泵，如图 5-1-21 所示。

水泵叶轮由铸铁或塑料制造，叶轮上通常有 6~8 个径向直叶片或后弯叶片。水泵壳体由铸铁或铝铸制，进、出水管与水泵壳体铸成一体。当水泵叶轮旋转时，水泵中的冷却液被叶轮带动一起旋转，并在离心力的作用下被甩向水泵壳体的边缘，同时产生一定的压力，然后从出水管流出。在叶轮的中心处由于冷却液被甩出而压力下降，散热器中的冷却液在水泵进口与叶轮中心的压差作用下经进水管流入叶轮中心。

图 5-1-20 补偿水箱

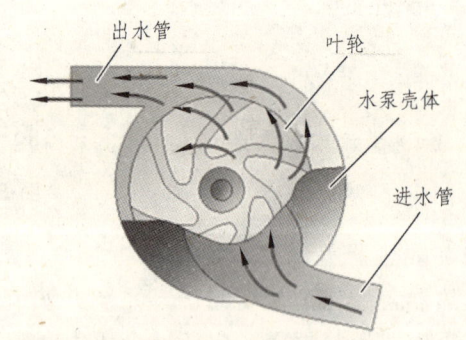

图 5-1-21 水 泵

7. 节温器

节温器是一种通过控制冷却液流动的路径，调节冷却系统温度的部件，汽车上通常采用蜡式节温器，如图 5-1-22 所示。

发动机冷启动时，通往散热器的通道关闭，使发动机在冷启动后能快速升温。节温器推杆的一端固定在支架的中心处，另一端插入胶管的中心孔中。胶管与节温器外壳之间形成的腔体内装有精制石蜡。常温下石蜡呈固态，弹簧将主阀门推向上方，使之压在阀座上，冷却液流向散热器的通道关闭，而来自发动机缸盖出水口的冷却液，经水泵又流回气缸体水套中，进行小循环，如图 5-1-22（b）所示。

当发动机水温升高时，石蜡逐渐变成液态，体积膨胀，迫使胶管收缩，对推杆锥状端头产生上举力，固定不动的推杆对胶管、节温器外壳产生向下的反推力。当发动机水温为 76 ℃ 时，推杆对节温器外壳的反推力可以克服弹簧预压力，阀门开始打开。水温超过 86 ℃ 时，阀门全开，这时来自气缸盖出水口的冷却液沿出水管全部进入散热器冷却，进行大循环，如图 5-1-22（c）所示。

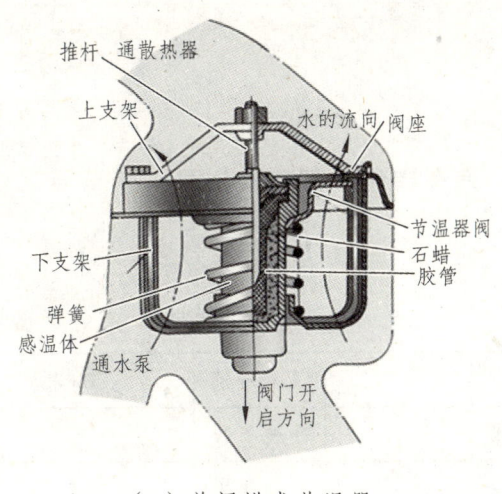
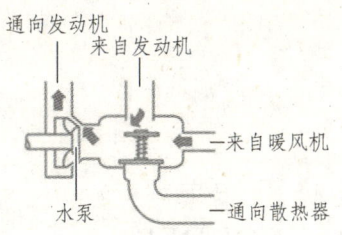
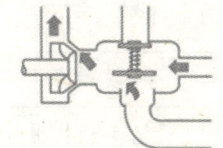

(a) 单阀蜡式节温器　　　　　(b) 小循环工作状态

　　　　　　　　　　　　　　(c) 大循环工作状态

图 5-1-22　节温器

8. 冷却风扇

风扇安装在散热器后面，当风扇旋转时对空气产生吸力，使之沿轴向流动。风扇旋转时吸进空气使其通过散热器，以增强散热器的散热能力，加快冷却液的冷却速度。

汽车发动机水冷系统多采用低压头、大风量、高效率的轴流式风扇，即风扇旋转时，空气沿着风扇旋转轴的轴线方向流动。扇风量与风扇的直径、转速、叶片形状、叶片安装角及叶片数目有关。叶片可以用薄钢板冲压成弧形经铆接制成或直接用塑料、铝合金铸成翼形，后者效率较高，功率消耗少，在轿车和轻型汽车上应用广泛。为提高风扇的效率，风扇外围装没有导风罩，使通过散热器芯的气流分布均匀，且集中穿过风扇，减少空气回流现象，如图 5-1-23 所示。

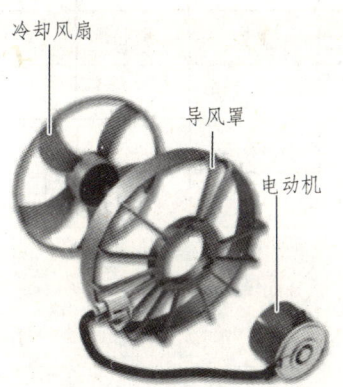

图 5-1-23　冷却风扇

附 件

维修工作单
REPAIR ORDER

　　　市　　　汽车销售服务有限公司

地址：

电话：　　　　　　　　　传真：

NO:　　　　SA:　　　接车时间：　　　　预交车时间：

客户名称		联系人		联系电话		联系地址	
车牌号码		车辆型号		购车日期		行驶里程	
发动机号		VIN码				车辆颜色	

工作内容：检修发动机无法启动

序号	维修项目	项目类别	工时费	维修班组	维修技师	开工时间	完工时间
1	发动机本体、进气系统认知、标签	保养	0	机电一组		9:30	10:30/张
2							
3							
4							
5							
6							

配件名称	数量	单位	单价	合计金额	领用人

工时费合计		材料费合计		服务顾问		客户确认	

★根据使用情况更换，详见《保修手册》

外观确认（请在有缺陷部位作标识）　　油量确认　　用户其他需求：

划痕—H　掉漆—D　凹陷—A　裂纹—L　锈蚀—X　破损—P

洗车　□是　□否
旧件交还　□是　□否
贵重物品　□有　□无

贵重物品：在车辆进厂维修之前，请将车内贵重物品自行保管

1. 车内贵重物品由客户自行带走，如有遗失，本厂概不负责；
2. 车主同意上述维修项目授权本厂对无法修复零件予以更换；
3. 客户自带配件与客户要求更换副厂件的，本厂恕不负责质量保修

完工检验	检验结果：
	处理意见：

质检员：

注：此单一式三联，服务顾问（SA）、车间主任、车间班组各执一联。

参考文献

[1] 汤定国. 汽车发动机构造与维修[M]. 北京：人民交通出版社，2005.

[2] 向志伟，范小勇，周大绕. 汽车发动机构造与维修一体化教程[M]. 沈阳：东北大学出版社，2015.

[3] 陈卫忠. 汽车发动机常见维修项目理实一体化教材[M]. 北京：人民交通出版社，2012.

[4] 王海林，蔡兴旺. 汽车发动机构造与原理[M]. 3版. 北京：机械工业出版社，2014.